新时代交通运输部系统党支部建设典型案例

中共交通运输部党校

人民交通出版社股份有限公司

北京

图书在版编目(CIP)数据

新时代交通运输部系统党支部建设典型案例/中共交通运输部党校编. —北京:人民交通出版社股份有限公司,2022.10
ISBN 978-7-114-18279-2

Ⅰ.①新… Ⅱ.①中… Ⅲ.①中国共产党—国家行政机关—党支部—工作—案例 Ⅳ.①D267.5

中国版本图书馆 CIP 数据核字(2022)第 195007 号

Xinshidai Jiaotong Yunshubu Xitong Dangzhibu Jianshe Dianxing Anli
书　　名：新时代交通运输部系统党支部建设典型案例
著 作 者：中共交通运输部党校
责任编辑：时　旭
责任校对：赵媛媛
责任印制：刘高彤
出版发行：人民交通出版社股份有限公司
地　　址：(100011)北京市朝阳区安定门外外馆斜街 3 号
网　　址：http://www.ccpcl.com.cn
销售电话：(010)59757973
总 经 销：人民交通出版社股份有限公司发行部
经　　销：各地新华书店
印　　刷：北京市密东印刷有限公司
开　　本：710×1000　1/16
印　　张：18.75
字　　数：216 千
版　　次：2022 年 10 月　第 1 版
印　　次：2022 年 10 月　第 1 次印刷
书　　号：ISBN 978-7-114-18279-2
定　　价：66.00 元

(有印刷、装订质量问题的图书,由本公司负责调换)

《新时代交通运输部系统党支部建设典型案例》编审委员会及编写组名单

编审委员会

主 任 委 员： 柯林春

副主任委员： 易振国　郭洪太

委　　　员： 张冲峰　张星朝　寿　涛　任永民
　　　　　　　李昌健　周晓航　刘书斌　殷　林
　　　　　　　韩　敏　朱传生　严　红

编　写　组

组　　　长： 严　红

副 组 长： 康爱岐　苏青场

成　　　员： 隋斌斌　李佳裔　孙　强　张慧研
　　　　　　　李　凤　杨久华　陈海燕　赖万群

PREFACE 前言

党支部是党的基础组织，是党组织开展工作的基本单元，是党在社会基层组织中的战斗堡垒，是党的全部工作和战斗力的基础。党的十八大以来，交通运输部党组深入学习贯彻习近平新时代中国特色社会主义思想，高度重视党支部建设，要求把全面从严治党落实到每个支部、每名党员，就新时代党支部建设作出一系列重要部署，推出一系列具体举措。交通运输部系统各级党组织认真贯彻落实，深刻领悟"两个确立"的决定性意义，增强"四个意识"、坚定"四个自信"、做到"两个维护"，牢固树立党的一切工作到支部的鲜明导向，强化党支部政治功能和组织功能，加强党支部标准化、规范化建设，全面提高党支部建设质量，为加快建设交通强国提供坚强政治保证。

为总结加强党支部建设的有效做法和新鲜经验，使基层党支部学有方向，干有方法，在交通运输部直属机关党委指导下，我们组织力量精选了66篇党支部建设典型案例。希望交通运输部系统各级党组织和广大党员认真学习，积极借鉴，不断探索创新"四强"（政治功能强、支部班子强、党员队伍强、作用发挥强）党支部建设的有效举措，引领和推动基层党组织全面进步、全面过硬，把党支部建设成为有效实现党的领导的坚强战斗堡垒，确保党的路线方针政策和决策部署在交通运输领域落地生根，凝聚起加快建设交通强国、努力当好中国现代化开路先锋的强大力量，按照党的二十大擘画的宏伟蓝图，努力践行新时代新征程建设社会主义现代化强国的伟大历史使命。

CONTENTS | 目录

坚定不移走好"信仰之路" 努力推动政策研究室高质量发展
  交通运输部政策研究室党支部 …………………………………… 1

厚植为民情怀 增强斗争精神 推动解决执法领域突出问题
  交通运输部法制司党支部 ………………………………………… 8

努力建设"两个绝对"的政治机关 当好"第一方阵"排头兵
  交通运输部人事教育司党支部 ………………………………… 14

"推动'四融合'、提升'四力'" 以"四强"党支部建设
引领公路交通高质量发展
  交通运输部公路局党支部 ……………………………………… 19

打造"党员先锋处室""党员先锋岗" 加快建设交通强国水运篇
  交通运输部水运局党总支 ……………………………………… 26

以"三抓两促进"为抓手 深入推进模范机关建设
  中国海上搜救中心党支部 ……………………………………… 30

坚持"四个融合"工作法 奋力推进"四强"党支部建设
  交通运输部海事局安全管理处党支部 ………………………… 34

以"三兵"建设为引领 努力打造"五个一流"党支部
  交通运输部长江航务管理局办公室党支部 …………………… 38

学思践悟 忠诚尽职 建强基层战斗堡垒
  交通运输部珠江航务管理局人事处党支部 …………………… 42

坚持"四个注重" 持续强化青年理论武装
　　国家铁路局综合司党支部……………………………………… 46

精心打造"六强工程" 扎实推进标准化规范化党支部建设
　　国家铁路局规划与标准研究院综合处党支部………………… 50

以模范机关创建服务机场高质量发展
　　中国民用航空局机场司党支部………………………………… 54

以"五个坚持"为发力点 做好党建与审计业务融合工作
　　中国民用航空局审计中心第一党支部………………………… 59

以"4S"工作法为抓手 推动党建与中心工作深度融合
　　国家邮政局办公室（外事司）党支部 ………………………… 62

夯实支部"四合"工作法 开拓模范机关建设新局面
　　国家邮政局政策法规司党支部………………………………… 66

坚持"三抓好·三创新·三结合" 建强服务加快建设交通强国的战斗堡垒
　　交通运输部机关服务中心机关第一党支部…………………… 71

建设"四桨五翼"模范党支部 实现党建与业务工作深度融合
　　交通运输部救助打捞局飞行管理处党支部…………………… 75

以"磐石精神"为抓手 促进党建与业务实现"双轮驱动"
　　中国船级社国内营运船舶业务处党支部……………………… 79

以"四学法"＋"四平台"为抓手 推动党建与中心工作相互牵引、深度融合
　　交通运输部规划研究院城市交通物流所党支部……………… 83

坚持"一个统领" 强化"三种意识" 提高"七种能力" 促进"两个融合" 筑牢基层战斗堡垒
　　交通运输部科学研究院城市交通与轨道交通研究中心党支部…… 87

突出党建引领 当好开路先锋
　　交通运输部水运科学研究院船舶运输技术研究中心党支部 ………… 94

探索党建业务"三合一"新模式　助力海事服务扬帆远航
　　交通运输部水运科学研究院中国海事服务中心党支部 ············ 100

坚持"三个三"支部工作法　服务智能交通事业发展
　　交通运输部公路科学研究院智能交通研究中心党支部 ············ 105

"强学习、筑堡垒、树先锋"　科技创新谱新篇
　　交通运输部公路科学研究院道路研究中心党支部 ················ 109

将支部打造成为"创一流　攀高峰"的坚强堡垒
　　交通运输部天津水运工程科学研究院海洋水动力中心党支部 ··· 113

构筑"五个文化"　旗帜鲜明地抓好中外合作办学机构党支部建设
　　大连海事大学国际联合学院党支部 ···························· 117

坚持"三心三度"工作法　推动党建业务融合发展
　　交通运输部管理干部学院道路教研部党支部 ···················· 122

四"一"并举　推进党建与业务工作双提升
　　人民交通出版社股份有限公司第十党支部 ······················ 126

全力打造"融合先锋"党建品牌　推动党建与中心工作相融相促
　　中国交通报社有限公司第十党支部 ···························· 131

牢记"国之大者"　坚持"三个狠抓"　全力推进党建与中心工作深度融合
　　中国交通通信信息中心空间信息事业部北斗办党支部 ············ 135

新互联　心互通　情系民生服务　打造"五型"党支部
　　中国交通通信信息中心金卡公司党支部 ························ 140

坚持党建引领　助力交通战疫
　　交通运输部职业资格中心交通国际合作事务中心党支部 ········ 144

以构建"654321"党支部工作体系为抓手　切实提升支部标准化规范化建设水平
　　交通运输部路网监测与应急处置中心联网结算服务部党支部 ··· 147

构建"青淞四学"新模式　促进海事青年理论能力不断提升
　　吴淞海事局青年理论学习小组 …………………………… 152

建设"五型"党支部　堡垒坚强又稳固
　　天津海事局直属机关党委 ………………………………… 156

开展模拟法庭活动　创新学习教育方式　贯彻习近平法治思想
　　辽宁海事局法规规范处（执法督察处）党支部 ………… 160

坚持三个"守"　展现三颗"心"　让党旗在疫情防控斗争第一线高高飘扬
　　营口鲅鱼圈海事处党支部 ………………………………… 163

推动党建与中心工作深度融合　让"党旗在北戴河监管服务一线高高飘扬"
　　秦皇岛北戴河海事联合党支部 …………………………… 168

构建监督促廉、制度保廉、文化育廉　"三位一体"廉政工作模式
　　日照岚山海事处党支部 …………………………………… 172

以"蓝丝带"党建品牌为载体　打造人民满意海事政务窗口
　　宁波海事局政务中心党支部 ……………………………… 176

以"一队三园五抓手"工作法　激发党员凝聚力、向心力和战斗力
　　舟山普陀山海事处党支部 ………………………………… 180

构建"1122"工作法　推进党建与业务深度融合
　　福建海事局机关党委 ……………………………………… 184

以"港湾卫士"品牌建设为抓手　推动党建与业务工作深度融合
　　湛江海事局霞海海事处党支部 …………………………… 187

以"12345"工作法为抓手　推动基层党建高质量发展
　　东莞麻涌海事处党支部 …………………………………… 191

夯实安全圆心　延伸党建半径　画出党建保障渡运安全监管最美"同心圆"
　　佛山南海海事处党支部 …………………………………… 195

打造"红船"品牌走前列作表率　加快脚步建设"四强"党支部
　　广西海事局机关第五党支部 ……………………………… 200

建强"五星四铁"红旗党支部 以人文党建为干部成长赋能
  海南海事局党组工作部（组织处）党支部 …………… 204

构建"333+X"党建工作体系 创新基层党建新模式
  连云港连云海事处党支部 ………………………………… 208

聚焦"五个过硬" 打造"五零工作法" 争做模范机关建设排头兵
  北海航海保障中心办公室党支部 ………………………… 212

以"四小两大"工作法促进党建工作与中心工作深度融合
  东海航海保障中心宁波通信中心党支部 ………………… 216

"青年讲堂"搭舞台 "四抓四提"强素质
  重庆奉节海事处党支部 …………………………………… 220

打造"绿水青山卫士"融品牌 建设长江海事模范党支部
  武汉青山海事处党支部 …………………………………… 225

"1337"工作法打通基层党建"最后一公里"
  南通海事局党委 …………………………………………… 230

严肃组织生活 激发队伍活力
  长江口航道管理局机关一支部 …………………………… 235

高举旗帜跟党走 创新模式筑堡垒
  中国水运报社有限公司第三党支部 ……………………… 239

党建铸魂 品牌引领 切实打造特色过硬救助船舶党支部
  交通运输部北海救助局"北海救101"轮党支部 ………… 244

"党建+"四轮驱动 筑牢海上战斗堡垒
  交通运输部东海救助局"东海救117"轮党支部 ………… 248

"三心三联"筑堡垒 强国有我党放心
  交通运输部南海救助局救助船队党委 …………………… 252

实施"六项工程" 推动"六个提升" 全面推进党支部
标准化规范化建设
  交通运输部烟台打捞局党委 ……………………………… 256

抓牢"三个重点" 聚焦"三个强化" 扎实推进青年理论学习
　　交通运输部上海打捞局三用船队惠州第二综合党支部 ………… 260

以"三四五工作法"为抓手 持续推进谈心谈话工作取得实效
　　交通运输部上海打捞局拖轮船队船舶第二联合党支部（南海） … 264

"五抓五比"推动党建与项目建设深度融合 打造"五型"党支部
　　交通运输部广州打捞局深中通道 S08 项目党支部 ………… 268

以"三强三讲"抓好新时代支部党建工作
　　中国船级社上海分社产品处党支部 …………………………… 272

秉持服务理念 以"三学、三先、三化"推动党建工作走深走实
　　中国船级社上海规范研究所技术管理党支部 ………………… 276

以"匠心工作法"培育支部工匠文化 推动粤东船检事业发展
　　中国船级社汕头分社党支部 …………………………………… 280

"五同五融"守好船舶安全第一关
　　中国船级社江苏分社江苏审图中心党支部 …………………… 284

后记 ………………………………………………………………… 288

坚定不移走好"信仰之路"
努力推动政策研究室高质量发展

交通运输部政策研究室党支部

一、案例背景

交通运输部政策研究室党支部现有党员 22 人（含交流借调干部），党小组建在处室，共设立 4 个党小组，由处长担任党小组长。

近年来，党支部深入学习贯彻习近平新时代中国特色社会主义思想，坚持全面从严治党，切实加强党的建设，打造"信仰之路"党建品牌，开设"信仰之路"政研讲坛，开展"人间正道"荐书读书活动，弘扬伟大建党精神，坚定信仰、信念、信心，传承红色基因，赓续红色血脉，不断锤炼"政研三品"（即人品、政品、文品），提升"政研五力"（即学习力、想象力、判断力、策划力、执行力），齐心协力锻造政治过硬、本领高强、和谐战斗团队，团结奋进构建传播交通强国政策体系话语体系，努力推动政研室高质量发展。

二、主要做法

（一）狠抓政治建设，走好"第一方阵"

党支部把政治建设摆在首位，不断提升政治判断力、政治领悟力、政治执行力，推动"两个维护"扎根铸魂。

一是建好政治机关。制定并落实政研室党支部推进模范机关建设工作要点，努力建设"讲政治、守纪律、负责任、有效率"的模范机关，教育引导党员干部深刻理解中央和国家机关的政治属性，列好队伍，常喊看齐，坚定不移对党忠诚，当好"三个表率"，走好"第一方阵"。

二是提高政治能力。持续开展对党忠诚教育，教育引导党员干部带头贯彻落实党中央决策部署，自觉对标对表，深刻领悟"两个确立"的决定性意义，切实增强"四个意识"、坚定"四个自信"、做到"两个维护"，牢记"国之大者"。持续提高把握方向、把握大势、把握全局的能力，善于从政治上分析问题、解决问题，把"两个维护"体现在履职尽职、做好本职工作的实效上。

三是严守政治规矩。党支部坚持把纪律规矩挺在前面，教育引导党员干部用"五个必须"正心修身，用"七个有之"诫勉自警，以严明的纪律规矩约束日常言行，坚决维护党章党规党纪的严肃性权威性，为走好"第一方阵"提供铁的纪律保障。

（二）深抓思想建设，走好"信仰之路"

党支部把学习贯彻习近平新时代中国特色社会主义思想作为重中之重，打造"信仰之路"党建品牌，用理论播撒信仰的火种，用理想高扬信仰的旗帜。

一是及时跟进学习理论，学深悟透坚定信仰。制定《政策研究室党支部及时跟进学习近平新时代中国特色社会主义思想的办法》，建立"日学、周学、月学"制度，党小组轮流负责每日汇总习近平总书

坚定不移走好"信仰之路" 努力推动政策研究室高质量发展

记最新讲话指示，党支部每月汇编《习近平总书记重要论述学习资料》。编印了习近平总书记关于理想信念的重要论述，组织党员干部拍摄诵读视频，让理想信念入脑入心。

二是办好"信仰之路"讲坛，筑牢理想信念基石。每月组织两次集中学习，推出系列专题学习，领导干部带头，全员上讲台，用好理论的"盐"，讲出信念的"味"。"向习近平总书记学习"系列。学好用好《习近平谈治国理政》《习近平经济思想学习纲要》等重要读本，向习近平总书记学文章、学调研、学改革、学宣传、学战略谋划等，为党员干部指方向、明路径、教方法，推动学习成效转化为工作实效。"支部书记讲经典"系列。党支部书记领学《共产党宣言》《路德维希·费尔巴哈和德国古典哲学的终结》《反杜林论》等马克思主义经典著作，感悟马克思主义的真理和实践力量，正本清源，用理论上的清醒促进政治上的坚定。"交通理论政策研究交流"系列。围绕加快建设交通强国，努力当好中国现代化的开路先锋，邀请专家讲解《"十四五"现代综合交通运输体系发展规划》，交流分享《关于扩大交通有效投资的政策措施》等专业理论知识，引导党员干部凝心聚力促发展，努力把工作干对、干好、干精彩。"向英雄致敬"系列。组织观看《国家记忆》等系列记录片，学习柴云振等英雄事迹，引导党员干部大力弘扬历史主动精神和英雄精神，锤炼政治品格，筑牢信念基石。

三是坚持理论联系实际，践行忠诚使命担当。针对室内年轻干部多、学历高的特点，编印《习近平总书记关于年轻干部成才重要论述汇编》，指导好青年理论学习小组，室领导担任"青年导师"，引导大家勇于担当、积极作为。2021年，室组织年轻干部结合现实案例深入探讨信仰与命运，收到悟思想、见行动的良好效果。组织党员干部重温了习近平总书记"5·8"重要讲话精神，交流撰写心得体会，结合岗位职责签署《对党忠诚履职为民承诺践诺书》，把学习成效转化为解决问题的实际能力。

★ 政研室党支部举办"信仰之路"政研讲坛

（三）实抓组织建设，建强"战斗堡垒"

着眼于"一个支部就是一个战斗堡垒，一名党员就是一面旗帜"，推动党建工作与业务工作深度融合。

一是在压实责任链条上做"实功"。严格落实全面从严治党主体责任，落实"一岗双责"，把党小组建在处室，处长任党小组长，与支委同向发力、履职尽责。党支部书记带头落实抓思想政治工作的责任，做到谈心谈话全覆盖。2021年以来，领导班子与党员之间，谈心谈话百余次，精准了解干部职工思想动态，引导党员干部坚定政治信仰。

坚定不移走好"信仰之路" 努力推动政策研究室高质量发展

二是在规范组织生活上做"真功"。严格落实民主集中制，全面提高"三会一课"质量，做到"党员大会议事决策、支委会统筹谋划、党小组会推动落实，党课加强党性教育"，让党员时时淬炼党性、净化心灵。2021年以来，党支部召开26次支委会、15次支部大会、近百次党小组会。党支部书记带头讲了《锤炼"政研三品" 提升"政研五力" 努力推动政研室高质量发展——关于"走好第一方阵 我为二十大做贡献"的思考》专题党课，教育引导党员干部筑牢信仰之基、补足精神之钙，坚定不移在中华民族伟大复兴的征程中锻造共产党人的钢筋铁骨。

三是在抓好干部队伍建设上做"硬功"。在选人用人上注重对党员干部政治素养的考察，用理想信念坚定的干部，用党性觉悟高的干部。编印并组织学习了《习近平总书记关于干部培养锻炼健康成长重要论述汇编》，组织召开"60后""70后""80后"干部座谈会，引导干部走成长的正确之路，更加自觉地在党爱党、在党为党、在党忧党。

四是在开展党建活动上做"巧功"。开展形式多样的情景党日，进一步砥砺党员政治品格，激发坚守初心、永葆本色的工作热情。2021年以来，组织党员干部拜谒李大钊烈士陵园，与离退休干部局羊坊店党支部开展"学党史、讲党史、我看建党百年新成就"的联学活动，传承红色基因，坚定理想信念。与大连海事大学马克思主义学院党委线上联学，学习习近平总书记"七一"重要讲话精神，用理论上的清醒促进政治信仰的坚定。

（四）严抓作风建设，扣紧"廉政纽扣"

党支部坚持不懈涵养风清气正的政治生态，持之以恒厚植信仰信念"防护林",扣好廉洁从政的"第一粒扣子",守住守牢拒腐防变防线,引导党员干部成长为党和人民忠诚可靠的干部。

一是注重"三基"建设,"实打实"反对"四风"。坚持"关系简单,工作简化"的原则,坚决克服形式主义、官僚主义,制定《政策研究室"三基"建设实施方案》,打牢工作基础,完善制度体系、优化运行机制,实现用制度管人、用流程管事。把全面从严治党要求落实到每名党员,切实加强思想淬炼、政治历练、实践锻炼,为把工作干对干好干精彩提供坚实基础。

二是加强廉政教育,"硬碰硬"反腐倡廉。贯彻落实中央八项规定及其实施细则精神,制定党支部廉政风险防控办法,全覆盖每个岗位。编印、学习《深入学习贯彻习近平总书记重要指示精神 坚决反对"三歪三斜" 大力弘扬清风正气》,常态化开展典型案例教育,组织观看廉政警示教育片《背离初心的代价》、纪录片《零容忍》,谨记"不忘初心";党支部书记与党员分享"警察与苹果"的廉政小故事,谨记"真的不能要";给每名党员赠送"清风扇",谨记"不为所染",使党员干部真正做到一尘不染、清正廉洁。

三是强化责任意识,"真对真"转变作风。党支部坚持从实处着眼,用实干考量,以实绩说话,教育引导党员干部在转变政绩观上下功夫,在坚定笃行中取得持续转作风的实效。围绕文稿起草、政策研究、行业改革、信用建设、新闻宣传、行业文明建设等重点工作履职尽责,真正将正确的政绩观内化于心、外化于行,为加快建设交通强国,努力当好中国现代化的开路先锋顽强战斗。

三、工作启示

在打造"信仰之路"党建品牌的过程中,党支部深刻认识到,提高机关党的建设质量,必须确保党员干部信仰成色十足。心中有信仰,脚下才会有力量。必须把坚定信仰作为党建工作的首要任务,牢牢扭住理想信念教育这个根本,在固本强基上下足功夫,守住守牢拒腐防变防线,才能切实提升党支部的创造力、凝聚力、战斗力,锻造政治过硬、本领高强的和谐战斗团队;必须把坚定信仰作为党建工作的永恒课题,时时筑牢信仰之基、补足精神之钙、把稳思想之舵,才能凝心聚力,激励党员干部始终对党忠诚,努力成长为共产主义远大理想和中国特色社会主义共同理想的坚定信仰者和忠实实践者。

厚植为民情怀 增强斗争精神 推动解决执法领域突出问题

交通运输部法制司党支部

一、案例背景

交通运输部法制司党支部现有党员 21 人。党史学习教育开展以来，法制司党支部深入学习贯彻习近平新时代中国特色社会主义思想及习近平总书记重要指示批示精神，强化宗旨意识、厚植为民情怀，坚持学史力行，深入推进交通运输执法领域突出问题专项整治行动。成立交通运输执法领域突出问题专项整治行动专班临时党支部，发挥支部的战斗堡垒和党员的先锋模范作用，着力转变执法理念、改进执法方式、遏制执法乱象，不断提升执法水平和服务质量，打了一场自我净化、自我完善、自我革新、自我提高的攻坚战，推动解决了一批执法领域突出问题，让人民群众感受到了专项整治行动带来的新变化、新气象、新风貌。

二、主要做法

（一）突出思想引领，广泛凝聚共识

法制司党支部在党史学习教育中，引导支部党员不断加深对党的

厚植为民情怀 增强斗争精神 推动解决执法领域突出问题

历史理解和把握，牢牢把握学党史、悟思想、办实事、开新局的总要求，深入贯彻落实习近平总书记关于维护从业人员合法权益的重要指示精神，聚焦人民群众反映强烈的热点、制约规范公正文明执法的堵点，回应群众关切，推动解决群众"急难愁盼"的具体问题，深刻认识开展专项整治行动的重大意义，切实增强开展专项整治行动的政治自觉、思想自觉、行动自觉。

一是统一思想行动。坚持把党史学习教育作为司务会、支部大会、支委会"第一议题"推进。严格执行党史学习教育计划，坚持学史力行，动真碰硬，打好执法专项整治攻坚战。为充分发挥党组织的战斗堡垒和党员的先锋模范作用，成立专项整治行动专班临时党支部，以党建引领执法领域突出问题专项整治行动。全司上下动员起来，统一思想认识，发扬迎难而上、攻坚克难精神，把专项整治行动作为党支部重点工作任务，坚持目标导向、深入分析研究、细化工作举措，积极有序推进。

二是凝聚行业共识。将专项整治行动作为一项重大政治任务部署推进，践行以人民为中心的发展思想，以最坚决的态度、最有力的举措、最务实的作风，打好攻坚战。将广泛凝聚共识作为工作重点，通过高频次、高密度的动员部署、视频调度、调研督导传达部署专项整治行动，推动全系统将思想和行动迅速统一到习近平总书记重要指示精神上来。印发《交通运输执法领域突出问题专项整治行动方案》，召开全国动员部署电视电话会议，指导督促各地、各单位扎实开展专项整治行动，切实激发查纠整改的内生动力。

三是压紧压实责任。擦亮政治底色，走好最先一公里。把党中央的要求传达到位、把责任压力传导到位，注重全局性谋划、整体性推进，着力构建条块结合、上下联动、左右协同、齐抓共管的责任体系，全链条发力，全系统整治。压实地方主体责任，建立月台账、周计划制度，印发30期工作简报，总结推广经验，通报工作不力的省（自治区、直辖市）和单位，营造比学赶超的浓厚氛围；组织6个调研组，由司局级负责同志带队赴重点省（自治区、直辖市）开展专项督导调研；加强舆论宣传，印发宣传方案，召开例行新闻发布会，在交通报、水运报、部官方微信公众号发布报道45条，专项整治行动获得社会广泛关注和支持。

（二）突出查纠整改，整治突出问题

自觉把讲政治贯穿专项整治工作始终，切实提升从政治上分析问题、解决问题的能力和水平。将问题查纠整改作为专项整治行动的核心任务，坚持以"钉钉子"精神、"动真碰硬"的责任担当，扎实开展大排查、大起底、大整治，坚决遏制群众反映强烈的各种突出问题。

一是坚持问题导向。继承和发扬斗争精神，奔着问题去、盯着问题改，不掩盖缺点，不回避问题。在问题查摆上，实行问题清单动态管理。加强问题查纠督导，对各地、各单位的问题清单系统梳理、问诊把脉，要求务必刀刃向内、动真碰硬。对清单进行3轮次严格审核把关，要求查摆问题务必见人、见事、见案例，切实避免"隔靴搔痒"。通过3轮次对问题清单的再梳理、再完善，各地、各单位在深化问题查摆、完善查纠方式、明确整改措施、压实整改责任上不断下功夫。

二是坚持立行立改。以正视问题的勇气和刀刃向内的自觉不断深化执法队伍自我革命，推进问题查摆常态化、问题整改制度化，持之

厚植为民情怀　增强斗争精神　推动解决执法领域突出问题

以恒正风肃纪。推动各地、各单位拿出真招实招，有针对性地制定整改措施，明确整改时限、整改人员，压紧压实整改责任。开展扣押车辆集中清理，依法退还违规扣押车辆；开展违规收取扣押车辆停车费大排查，依法退还费用；加大违规违纪人员处理力度，通报典型案例，切实发挥警示作用。动真碰硬开展3轮次深入排查和1轮次"回头看"，梳理排查问题16839个，累计完成整改问题16666个，平均整改率达98.97%。全系统开展了案件复审复查工作，共评查执法案卷15.5万余卷。推行轻微免罚制度，各级执法机构对轻微违法行为实施免罚5.9万余次，对符合减轻条件的案件实施减轻处罚约1.6万次。

三是坚持开门整改。综合运用内部监督与外部监督，不断拓展问题来源渠道，通过12328监督服务电话、媒体曝光、网上留言、信访投诉、案卷评查、跟车暗访、深入企业群众调研走访等多种渠道和方式收集第一手资料，直插一线核查问题线索。通过推广说理式执法、组织站所开放日活动、实施案件回访、与从业人员换岗体验、落实轻微免罚和首违不罚等举措，获得了群众的理解和认可，逐步形成执法部门与人民群众互信互认的工作局面。

四是坚持执法为民。坚守人民交通为人民的理念，把群众意见作为改进执法工作的方向。组织"讲政治、优作风、强服务"专题教育，以"赓续红色基因、落实执法为民"为主题，组织执法人员召开专题思想交流会，主动开展自我剖析，深挖思想根源。坚持从群众最不满意的地方改起，针对社会广泛关注的以罚代管、一罚了之的问题，推行说理式执法、开展上门普法服务，及时纠正违法行为并对当事人加强教育；针对人民群众反映强烈的"顶格处罚"、一刀切执法的问题，推行轻微违法告知承诺制；针对货车驾驶员反映强烈的电子磅秤不准确问题，组织对辖区内磅秤进行全面技术检测，优化检测和复核流程。组织党员干部在治超站设立"党员先锋服务岗"，在基层执法站所开辟爱心驿站，为货车驾驶员免费提供基本服务，获得从业人员广泛认可，彰显了执法温度。

（三）突出治建并举，构建长效机制

立足工作实际，注重学习效果转化，推进"我为群众办实事"项目落地见效。在推进查纠整改、坚持立行立改的同时，注重从末端执法工作中发现源头治理的短板弱项，在建章立制、完善长效机制上持续发力，确保既有立竿见影的实效，更有抓源治本的长效。

一是开展法规清理。深挖制度根源，组织开展了"不合理罚款规定清理"工作。对公路水路领域4部法律、27部行政法规、139件部门规章设定的475项罚款规定的执行情况进行了全面摸排、逐项研究，明确需取消、调整的不合理罚款事项45项。通过修订部门规章完成了14个不合理罚款事项的取消和调整工作，通过国务院常务会议取消和调整罚款事项31项。

二是推进制度建设。促进整改成果制度化，修订并颁布实施《交通运输行政执法程序规定》，印发了《关于严格规范公正文明执法的意见》和《交通运输行政执法人员职业道德规范》《交通运输行政执法禁令》《交通运输行政执法人员风纪规范》，完善执法程序、制定负面清单、划定高压红线，推动实现规范化、常态化、长效化治理。研究制定行政执法操作指南和"首违不罚""轻微免罚"事项清单。

三是统筹轮训工作。确保专项整治既有立竿见影的实效，更有抓源治本的长效。推进执法队伍轮训工作，编制印发了《交通运输行政执法人员培训考试大纲》《交通运输行政执法人员应知应会手册》，分3期对510名执法骨干师资和综合执法机构负责人进行集中培训，把党史学习教育作为轮训的重中之重，把习近平法治思想作为轮训的必修课，筑牢为民宗旨、强化担当意识、提升履职能力。

三、工作启示

法制司党支部坚持政治统领、党建引领，深入开展党史学习教育，推进党建与业务工作深度融合，营造团结协作、笃行实干的良好氛围，解决群众"急难愁盼"具体问题，党支部向心力、凝聚力、战斗力不断提升。党员干部在学习中进一步提高了政治站位，在工作中进一步强化了责任担当。带动重点工作抓得更准、作风把得更严、基础夯得更实。交通运输执法领域突出问题专项整治攻坚战取得重要成效，充分彰显了党建工作抓在平时用在战时的强大力量。

努力建设"两个绝对"的政治机关 当好"第一方阵"排头兵

交通运输部人事教育司党支部

一、案例背景

交通运输部人事教育司党支部现有党员 37 名。近年来，人事教育司党支部坚持以政治建设为统领，以模范机关建设为抓手，努力建设"政治上绝对可靠、对党绝对忠诚"党员干部队伍，推动支部党建工作高质量发展。

二、主要做法

（一）把牢政治方向，走好践行"两个维护"第一方阵

坚持把"两个维护"作为最高政治原则和根本政治规矩，融入支部建设全过程各方面，推动党员干部深刻领悟"两个确立"的决定性意义，自觉在思想上政治上行动上同以习近平同志为核心的党中央保持高度一致。

一是坚持把学习贯彻落实习近平新时代中国特色社会主义思想及习近平总书记重要指示批示精神作为"两个维护"最直接最具体的体现，在做对、做实、做好上不断聚力用劲。扎实组织开展"学查改"

努力建设"两个绝对"的政治机关　当好"第一方阵"排头兵

专项工作，结合组织人事部门实际举一反三、细化重点，引导党员干部增强学习贯彻习近平总书记重要指示批示的政治自觉、思想自觉和行动自觉。

二是牢牢把握组织路线服务保证政治路线根本定位，坚持政治站位与职责定位有机融合，以政治建设引领业务建设，以政治能力促进业务能力，以政治效果检验业务效果。指导系统各单位在疫情防控、安全发展、脱贫攻坚、加快建设交通强国、当好中国现代化开路先锋等工作中担当作为，提供有力组织保证人才支撑。

三是持续深化政治机关意识教育。支部书记为支部全体党员讲专题党课，支委定期参加所在党小组学习。通过组织集中学习研讨、开展主题党日活动，将学习教育落在日常经常。把严守纪律规矩、坚持公道正派作为政治文化建设重要内容，使政治基因融入血脉。

（二）强化理论武装，筑牢践行"两个维护"的思想之基

坚持把学习贯彻习近平新时代中国特色社会主义思想作为创建模范机关、做好组织人事工作的根本指引，推动党员干部自觉主动学、及时跟进学、联系实际学、笃信笃行学，做到走在前列、当好表率。

一是领导干部带头学。建立支部班子常态化理论学习制度，支部书记带头讲专题党课，班子成员定期开展理论学习研讨，党员领导干部带头发言谈体会，为党员干部抓好理论学习作出表率。

二是年轻干部主动学。成立青年干部理论学习小组，打造"青年大学习"理论学习品牌,定期开展年轻干部主题研讨,支部书记参加,交流学习体会,定期推送学习简报,推动学习成果转化。

三是营造氛围深入学。搭建"三会一课""组工干部大讲堂""微信学习群""青春人教学习论坛"和联学联建"五位一体"理论学习平台,编印《习近平总书记重要讲话摘编》学习资料、支部工作简报等,营造出浓厚学习氛围。

(三)强化政治历练,增强践行"两个维护"的定力本领

注重在打赢疫情防控阻击战、脱贫攻坚战、完成急难险重任务和岗位实践历练中,推动党员干部经风雨、见世面、壮筋骨、长才干,不断提升政治素养和工作能力。

一是战疫情当先锋。新冠肺炎疫情暴发后,第一时间成立特别党小组,党员领导干部带头放弃休假、坚守一线,全体党员干部响应支部号召提前返京,用实际行动践行初心使命,切实履行系统防控组职责,健全系统单位防疫体系,确保部机关、部属单位工作有序开展。

二是抓扶贫显担当。高质量推动脱贫攻坚任务落实,坚决完成中央脱贫攻坚"回头看"整改任务、干部人才选派、专题培训实施和定点帮扶任务落实,党员干部在脱贫攻坚中践行了使命担当、增强了宗旨意识。

三是解难题促改革。聚焦解决组织人事工作高质量发展难点问题,出台激励干部担当作为的具体措施、深化职称制度改革实施意见、适应加快建设交通强国要求大力发现培养选拔优秀年轻干部的实施意见等,党员干部在攻坚克难中历练了作风、增强了

本领。

（四）永葆政治本色，努力建设风清气正政治机关

坚持从严管理、从严律己、从严带队伍，大力弘扬清新之风、公道之风、严谨之风、朴素之风、廉洁之风，不断强化干部教育管理监督。

一是扬正气。打造"创组工先锋、树清风正气"党建品牌，大力弘扬政治坚定、公道正派、廉洁勤奋、求实创新、甘为人梯的组工政治文化，深入学习先进典型精神，坚持从党和交通运输事业大局出发，选干部、配班子、聚人才，为党和人民把好选人用人关。

二是砺作风。坚持从改进文风会风抓起，优化司内会议流程、提倡"短新实"文风、精简督查事项，不断提升工作效能。坚持问题导向，定期召开专题会，针对"党组点的、基层提的、自己找的"问题，进行深入研究，建账拉表抓好整改。

三是强服务。班子成员带队深入部属单位面对面听取意见建议，聚焦基层关注的热难点问题，做好扶贫挂职干部服务管理、调增特岗人员工资标准、举办健康大讲堂等活动，激发干部职工干事创业强大动能。

三、工作启示

组织工作本质上是政治工作，政治属性是第一属性，必须旗帜鲜明讲政治。深刻认识到人事教育司作为国家机关组织人事部门，是政治机关中的政治机关，讲政治是第一要求。必须坚持以政治建设为统领，当好践行"两个维护""第一方阵"的排头兵，必须努力建设"讲政治、守纪律、负责任、有效率"党员干部队伍，推动支部党建工作与业务工作深度融合，促进支部党建工作高质量发展。

"推动'四融合'、提升'四力'"以"四强"党支部建设引领公路交通高质量发展

交通运输部公路局党支部

一、案例背景

近年来，交通运输部公路局党支部坚持以习近平新时代中国特色社会主义思想为指导，坚决贯彻落实党中央决策部署，以"推动'四融合'、提升'四力'"为抓手，强根基、聚合力、提质效、谋发展，全面提升党建工作质量，为加快构建高质量发展、高品质服务、高效能治理、低成本运行的现代化公路交通体系提供坚强政治保证。2017—2021年，公路局党支部连续五年被交通运输部授予"交通运输系统先进基层党组织"；2021年，被党中央、国务院授予"全国脱贫攻坚先进集体"；2022年，路网管理处（第六党小组）被党中央、国务院评为全国"人民满意的公务员集体"，党支部获评交通运输部"四强"党支部并被推荐参加中央和国家机关工委"四强"党支部评选活动。

二、主要做法

（一）推动践行"两个维护"与抓好中心工作相融合，提升政治"领导力"

立足中央和国家机关职能定位，坚持把学习贯彻习近平新时代中国特色社会主义思想及习近平总书记重要指示精神和党中央决策部署作为践行"两个维护"、走好"第一方阵"的实践载体，建立"支委班子抓总、党小组密切协作、党员干部全员参与"的政治监督机制，确保公路交通事业发展始终与党中央决策部署同心同向、同频共振。认真贯彻党中央"疫情要防住、经济要稳住、发展要安全"的明确要求，组建公路保通保畅工作专班，开展高速公路收费站、服务区关闭关停情况和农村公路堵点卡点自查自纠，建立跨部门、跨区域联动协调机制，聚组织之势、集行业之力，坚决打赢保通保畅攻坚战。自2022年6月底起，全国高速公路货车流量持续回升向好并基本恢复至正常水平。建立完善公路重大工程建设协调机制，加快推进交通基础设施建设，着力促投资稳增长稳就业。2022年以来，新开工高速公路和普通国省道项目219个、6300公里，涉及总投资3800亿元；农村公路完成固定资产投资2273.1亿元，同比增长14.6%。坚决贯彻习近平总书记关于"四好农村路"重要指示精神，连续8年召开全国农村公路现场会进行工作部署，连续9年将"四好农村路"纳入"交通运输更贴近民生实事"推进落实，基本形成了"外通内联、通村畅乡、班车到村、安全便捷"的农村交通运输网络，为实现共同富裕当好先锋。坚决贯彻落实中央领导同志关于抢险救灾重要指示，有效应对地

"推动'四融合'、提升'四力'" 以"四强"党支部建设引领公路交通高质量发展

震、泥石流、洪水等自然灾害、突发事件，班子成员深入一线现场指导，确保公路"随断随抢""随抢随通""水退路通"。2022年以来已安排应急抢通资金6批、4.41亿元。

（二）推动强化理论武装与抓好顶层设计相融合，提升思想"引领力"

坚持学思想与谋发展同发力，以习近平新时代中国特色社会主义思想为指导，为科学精准谋划行业发展政策定向领航。

一是理论学习"聚力"。严格落实"第一议题"制度，创新开展"学思想、讲政治，学纲要、谋思路，学业务、强本领，学经典、担使命""四学四做"活动，探索建立"习语课堂""书香公路""每日e学"等学习载体，组织全体党员深入学习领会习近平总书记关于交通运输工作的重要论述和指示批示精神，做到学思用贯通、知信行统一。2022年以来，累计开展集体学习90余次，组织研讨交流120余人次，撰写学习心得160余篇。

二是课题研究"加力"。努力学深悟透习近平经济思想，聚焦国家八个方面重大战略对公路交通的发展影响，由年轻同志主笔、处长主审，分别开展"1+8"公路交通发展形势研究，找准找实服务大局、服务人民的切入点、结合点、着力点，为科学谋划行业发展思路、重塑发展优势，厚实政策储备。

三是政策引领"发力"。坚持把对标对表党中央决策部署，贯穿政策制定、推进落实全过程。2022年以来，先后印发《"十四五"公路养护管理发展纲要》《关于进一步加强普通公路勘察设计和建设管理工作的指导意见》，修订出台《公路水运工程监理企业资质管理规定》等政策文件，起草制定《加快推进公路数字化工作方案》《深化

绿色公路建设的意见》《"四好农村路"全国示范县创建管理办法》，不断搭稳贯彻新发展理念、推动公路交通高质量发展的"四梁八柱"。

(三) 推动抓好组织建设与建强干部队伍相融合，提升组织"战斗力"

认真贯彻新时代党的组织路线，以"三个结合"为抓手，着力打造坚强有力的战斗堡垒，建设忠诚干净担当的干部队伍。

一是坚持严管与厚爱相结合。坚持敢管敢严、真管真严，高标准推进全面从严治党，层层压实支委班子、党小组长定期"廉政提醒＋谈心谈话"制度落实，强化重点岗位、重点环节监督制约，细化完善《公路局廉政风险分布图》《廉政风险防控一览表》，切实把纪律立起来、严起来，执行到位。不断加强党对群团统战工作的领导，规范开展职工之家建设、"送温暖"等群团工作，发挥好党组织思想上解惑、精神上解忧、心理上解压、生活上解难的关怀帮扶作用，引导全体职工、团员青年、妇女同志紧密团结在党的周围。

二是坚持抓整改与见长效相结合。扎实开展"学查改"专项工作，坚持远近结合、边查边改、整体推进，深入查摆支委班子、党员干部存在的差距和不足，剖析问题根源，建立完善见长效、管长远的《公路局工作制度》《公路局业务工作规则》等业务工作制度办法17项，严格履行工作程序，加强权力运行监督。针对中央第十二巡视组巡视反馈的问题，坚持支部书记挂帅、挂图作战，立即建立巡视整改工作台账，研究制定整改时间表、路线图、责任人，以"小切口"破题、大纵深推进，扎实做好巡视整改后半篇文章。

三是坚持政治历练与实践锻炼相结合。聚焦打造具有铁一般信仰、铁一般纪律、铁一般担当的"战斗堡垒"，注重在保通保畅、疫情防控、

"推动'四融合'、提升'四力'" 以"四强"党支部建设引领公路交通高质量发展

抢险救灾、脱贫攻坚等重大任务和突发事件中培养锻炼干部，力促干部在经风雨、见世面中长才干、壮筋骨，锻造召之即来、来之能战、战之能胜的精兵劲旅。在全行业开展"最美公路人"推选宣传活动，组织支部党员干部争创"模范机关示范岗""模范机关流动红旗"，切实把理想信念的坚定性、党员干部的先进性体现到做好公路交通工作中，全力提升党员干部的政治素质、履职能力、纪律作风和精神风貌。

（四）推动厚植为民情怀与抓好"三基"建设相融合，提升服务"向心力"

一是调研用心，开门问策"听建议"。大力弘扬密切联系群众的工作作风，持续组织路网运行、治超等领域明察暗访，深入基层一线开展干线公路养护管理满意度调查、ETC服务大调研、加快建设统一开放公路建设市场专项调研等活动，每年结合人大代表建议和政协委员提案办理，开展重点人大建议调研，广泛听取行业和社会公众意见，了解基层所盼、民心所向，靶向标定公路交通服务人民群众的着力点、关键点。

二是服务暖心，办好人民满意公路交通。坚决站稳"为人民修路、修人民的路"这一出发点和落脚点，聚焦当前人民群众多层次、多样化、个性化的出行需求和"急难愁盼"问题，以办好交通运输"更贴近民生实事"为切入口，推出了高速公路服务区无障碍设施全覆盖、跨省（自治区、直辖市）大件运输许可"掌上办"等一系列服务举措，打通了高速公路服务区"如厕难""货车停车难"等痛点堵点难点，出台了一批完善农民工工资支付保障体系的"暖心"政策，努力实现人民交通为人民、人民交通由人民共享、人民交通让人民满意。2022年以来，全国已有5734个高速公路服务区完成无障碍厕位建设和改造，覆盖率达

92.5%；高速公路服务区新增货车停车位4237个。

三是出行安心，巩固公路交通安全基础。坚决贯彻习近平总书记关于安全生产的重要论述，坚持既利当前、又管长远，持续提升公路安全保障水平。加快推进全国自然灾害综合风险公路承灾体普查成果应用，充分利用现有425万条公路基础设施属性数据和32万条灾害风险数据，推进公路自然灾害风险区划，为指导防灾减灾提供科学依据。印发《国家区域性公路交通应急装备物资储备中心布局方案》，加强公路交通应急装备物资储备中心建设，着力构建"6+30"国家级储备中心格局。2022年内累计完成公路危旧桥梁改造5634座，实施公路精细化提升工程6879公里、干线公路灾害防治工程661公里，持续提升公路交通本质安全。

★ 公路局党支部与公路院党委组织党员联学参观"没有共产党就没有新中国"纪念馆

三、工作启示

通过创新实践，我们深刻认识到：坚持党的全面领导，是确保公路交通事业发展方向坚定、永葆生机的根本保证；坚持党建与业务深度融合，是公路交通转型发展和提质增效的重要抓手；坚持示范引领、守正创新，是强化政治教育功能，增强党组织吸引力、凝聚力的关键路径；坚持风清气正、纪律严明，是打造忠诚干部队伍、建强过硬战斗堡垒的坚强基石。

打造"党员先锋处室""党员先锋岗"加快建设交通强国水运篇

交通运输部水运局党总支

一、案例背景

交通运输部水运局党总支设 3 个党支部、10 个党小组，共有党员 51 名。近年来，水运局党总支坚持围绕中心抓党建、抓好党建促业务，聚焦破解党建业务"两张皮"问题，以开展"党员先锋处室""党员先锋岗"创建活动为抓手，创新工作举措，大力推进党建和业务深度融合，取得实效。2019 年、2020 年水运局党总支被评为"交通运输部系统先进基层党组织"。2021 年水运局党总支被中央和国家机关工委评为"先进基层党组织"，被中央和国家机关工委授予"中央和国家机关创建模范机关先进单位"称号。2022 年，水运局党总支被授予"部系统建设模范机关先进集体"称号，水运局综合党支部被评为"中央和国家机关'四强'党支部"。

二、主要做法

（一）坚决做到旗帜鲜明讲政治

水运局党总支始终注重开展强化政治机关建设、走好"第一方阵"政治教育,牢固树立和深入践行中央和国家机关首先是政治机关,把学习贯彻习近平新时代中国特色社会主义思想列为"三会"的"第一议题"和"一课"的首要内容。将坚决贯彻落实习近平总书记重要指示批示精神和党中央决策部署作为践行"两个维护"、走好"第一方阵"的试金石。对承办的习近平总书记重要指示批示事项,构建"传达学习、研究部署、狠抓落实、督促检查、及时报告、跟踪问效"的六步工作闭环机制,做到事事有部署,件件有落实。积极开展党总支书记、支部书记讲党课,做到"逢会必讲",引导党员干部不断提高政治站位,把讲政治、顾大局的标准要求内化于心、外化于行。

(二)大力倡导立足岗位争创先锋

指导各党小组制定"党员先锋处室"创建的目标和举措,充分调动每位党员的积极性,提振攻坚克难、担当作为的精气神和凝聚力;以"我承诺、我履职、我示范、我服务"创建"党员先锋岗",强化党员意识,体现党员履职尽责、担当作为、迎难而上的工作作风,亮明党员先锋岗创建标识牌,自我激励、勇当先锋、敢打头阵,积极为基层解决实际困难,自觉接受监督。通过创建"党员先锋处室""党员先锋岗",丰富载体、搭建平台,紧密围绕疫情防控、保通保畅、重大水运项目推进和安全生产等重点工作,组织开展"让党旗在防控疫情斗争和攻坚克难第一线高高飘扬"主题党日活动,营造比学赶帮超、人人争做先锋的浓厚氛围,激励党员干部通过先锋岗扛起责任、经受考验,在"模范机关"创建中交出合格答卷。

（三）大力促进党建业务深度融合

强化党总支对支部、支部对党小组的指导和考评，严格落实党政月度例会制度，使党建与业务工作"同谋划、同部署、同落实、同检查"的"四同"工作机制更加深化、实化、具体化，在推动党员干部政治能力和业务能力"双提升"的同时，促进业务中心工作全面进步，近年来在部机关党建和业务年度考核中均名列前茅。在"党员先锋处室""党员先锋岗"创建活动中，注重以党的"三基"建设推动业务"三基"建设，同建设"四强"党支部相结合，巩固"看政治站位、抓政治建设，看作用发挥、抓担当作为，看工作本领、抓能力提升，看制度执行，抓责任落实"的"四看四抓"支部工作法；同推进党支部标准化规范化建设试点工作相结合，强化制度意识，建立长效机制；同部执政能力建设试点工作相结合，围绕"下基层""上讲台""走出去""请进来"等特色活动，形成党总支作表率、支部增活力、党员齐争先的工作局面。

三、工作启示

一是坚定不移抓好政治建设，深刻领悟"两个确立"的决定性意义，注重在践行"两个维护"中走好"第一方阵"。把党的政治建设摆在首位，牢牢把握政治机关定位，深入学习贯彻维护党中央权威和集中统一领导各项制度。

二是坚持不懈推进思想建设，注重在推动学思践悟中深化理论武装。坚持用习近平新时代中国特色社会主义思想武装头脑、指导实践、推动工作，深入学习贯彻习近平总书记关于交通运输工作的重要论述，努力推动学思用贯通、知信行合一。

三是扎实有力加强组织建设，注重在强化体系建设中不断提升组织力。强化"三基"建设，不断健全党建业务"四同"机制，推动党建与业务深度融合。

四是突出干部履职能力建设，注重在干事创业中锤炼过硬本领。按照部领导"走在前列、勇创一流"要求，努力提升"九项本领""七种能力"，打造"四个一流"。

以"三抓两促进"为抓手
深入推进模范机关建设

中国海上搜救中心党支部

一、案例背景

中国海上搜救中心(中国海上溢油应急中心,与部应急办公室合署办公)承担着海上搜救、重大海上溢油应急处置和交通运输行业应急管理职责,搜救中心党支部现有党员25人,下设3个党小组。近年来,搜救中心党支部深入贯彻落实习近平总书记关于加强和改进中央和国家机关党的建设的重要论述,以筑牢生命防线为使命,以"三抓两促进"工作法为抓手,团结带领党员干部勇于担当作为,践行初心使命,建设"让党中央放心、让人民群众满意"的模范机关。

二、主要做法

(一)抓政治建设

一是深入开展"强化政治机关意识、走好第一方阵"主题活动,引导党员干部切实提高政治站位、把准政治方向、坚定政治立场,深刻领悟"两个确立"的决定性意义,增强"四个意识"、坚定"四个

以"三抓两促进"为抓手 深入推进模范机关建设

自信"、做到"两个维护"。

二是依托"日提醒、周报告、月督查"工作机制，全面贯彻落实中央领导同志及部领导指示批示，将讲政治体现在履职尽责、做好本职工作的实效上。

三是通过重温入党誓词、过"政治生日"、观看警示教育片等，强化对党忠诚教育，引导党员干部牢记初心使命，时刻不忘党员责任义务，严守政治纪律政治规矩。

（二）抓思想作风建设

一是通过领导率先以带促学、结对共建以联促学、坚守制度以规促学，引导党员干部深入学习习近平新时代中国特色社会主义思想，深刻把握科学内涵和实践要求，掌握运用贯穿其中的马克思主义立场观点方法。

二是深入开展"文经我手无差错、事交我办请放心"主题活动，引导党员干部将"严"和"实"的工作作风贯彻落实到日常工作中。

三是组织开展"最美搜救人""生死一线党旗扬"等宣传活动，开通"12395"微信公众号，展现海上搜救人舍生忘死、大爱无疆的奉献精神，凝聚团结奋进的力量。

（三）抓组织建设

一是打造"交通应急一面旗"党建品牌，引导党员干部时刻牢记部党组关于"前锋""后卫""形象代言人"的职能定位，在急难险重任务中践行好"三个表率"。

二是严格落实"三会一课"、领导干部双重组织生活、民主评议党员等制度，把党建纳入年度重点工作，同步部署、同步落实、同步考核，推动党内生活严肃化规范化经常化。

三是坚持教育、管理、监督、服务相结合，建立组织生活考勤补课制度，强化党员日常管理，选派党员干部赴国务院总值班室等单位锻炼学习，保持党员队伍生机活力。

（四）促进党建工作规范化制度化

一是制定修订战前动员、学习研讨、党小组、青年理论学习小组等管理制度，着力构建规范、有序的内部管理机制，实现以制度管人管事，以制度规范行为，有效推动从严管党治党要求落到实处。

二是深入推进清单化管理机制，制定完善支部大会、支委会、青年理论学习等工作清单，理顺工作程序、规范工作流程、落实组织要求，促进党建工作规范化、制度化。

（五）促进业务工作健康发展

一是坚决打赢疫情防控战，启动特别重大突发事件战前动员机制，党员干部冲锋在前，全面落实"外防输入、内防反弹"总策略和"动态清零"总方针，让党旗在防控疫情斗争第一线高高飘扬。

二是强化责任意识、担当意识，24小时、365天坚守值班岗位，有效落实应急值守职责，提升"召之能来、来之能战、战之能胜"的应急处置能力，以实际行动践行党的宗旨。

三是坚持"人民至上、生命至上"理念，妥善处置各类海上突发事件，筑牢生命防线，以实际行动立起合格党员标尺，确保突发事件处置有力、有序、有效。近五年，累计组织协调搜救行动9635次，成功救助遇险人员65593人，平均每天救起36人。

以"三抓两促进"为抓手　深入推进模范机关建设

三、工作启示

搜救中心党支部依托"三抓两促进"工作法,进一步夯实党建基础,统一思想、凝聚共识,把党员干部紧紧团结在党支部周围,构筑坚强的战斗堡垒;进一步调动党员干部积极性、主动性,提升做好应急工作的责任感、使命感,解决了党建工作和业务工作"两张皮"的问题,有效实现了党建工作与业务工作的融合发展、良好互动,深入推进模范机关建设。

坚持"四个融合"工作法
奋力推进"四强"党支部建设

交通运输部海事局安全管理处党支部

一、案例背景

交通运输部海事局安全管理处党支部现有党员8名,其中正式在编人员6名,水上交通安全专项整治三年行动专班借调工作人员2名。近年来,安全管理处党支部坚持以习近平新时代中国特色社会主义思想为指导,以模范机关建设为统领,在工作中形成"四个融合"的做法,即将党建工作与业务工作相融合、与破解难题相融合、与系统治理相融合、与队伍建设相融合的做法,强化支部组织建设,锤炼党员党性,融合业务发展,充分发挥党建引领保障作用。

二、主要做法

(一)坚持与业务工作相融合,实现党建业务同落实

支部严肃组织生活纪律,坚持从"五个一"着手加强组织建设。固定"一天",固定每月的第一个星期一为主题党日,做好"第一议题"集中学习,并研究部署月度重点工作任务,由全体党员进行讨论,确定当月工作计划;讲好"一课",每季度结合主题党日,由支

坚持"四个融合"工作法 奋力推进"四强"党支部建设

部党员大会定议题，党员自选专题方式，轮流上好微党课，组织党员讨论心得，形成共鸣；谋好"一事"，每半年围绕重点任务或难点问题，支部党员开好"诸葛"会，群策群力商定工作思路，明确推进举措；上好"一堂实景教学"，"七一"前组织党员赴党员教育基地重温入党誓词，回忆入党经历，筑牢初心使命；过好"一次政治生日"，坚持为每位党员过好"政治生日"，由支部书记送上政治贺卡，党员送上生日寄语。

（二）坚持与难题破解相融合，实现攻坚克难同谋划

支部统筹党史学习教育活动开展，将学史力行作为落脚点，充分发挥支部战斗堡垒作用，推动海事系统在学习习近平总书记关于安全生产重要论述上走深走实，推动部署水上交通安全专项整治三年行动，提请局党组印发《部海事局本级水上交通安全问题隐患和制度措施清单》，指导各直属海事局建立领导班子安全生产责任清单。为化解商渔船碰撞风险，支部党员牵头组织对近十年商渔船碰撞事故规律进行统计分析，提出安全管理建议，经交通运输部领导同意报送国务院安全生产委员会，为重点任务攻坚决策提供了科学支撑。推动应急管理部和农业农村部有关司局共同起草水上运输和渔业船舶安全风险防控工作意见，并以国务院安全生产委员会名义印发实施。定期与农业农村部渔业渔政管理局召开商渔共治会商，联合制定"商渔共治"专项行动方案，并推进落实。"中华富强"轮火灾爆炸事故、青岛"4·27"船舶污染事故和贵州六盘水客船翻沉事件发生后，支部第一时间选派党员赴一线协助应急处置并开展事故调查，充分发挥党员先锋模范作用。

（三）坚持与系统治理相融合，实现一体联动同发展

支部发挥领头雁作用，加强与相关单位联学共建，充分发挥"1+N"的示范效应。修订《水上交通事故统计办法》等规章制度，加快完善事故调查的法规体系，指导全海事系统业务开展。与北京市地方海事局开展联学共建，指导北京地区第四批航运公司安全管理体系建立和日常管理。与深圳海事局安全处联动，指导做好船舶到港审核试点，为"我为群众办实事"项目"船舶安全管理体系审核全国通办"发挥基础作用。该项目已在全国范围推广，据测算，为我国2000多家航运公司、1.4万艘体系内船舶节约经济成本近亿元。指导浙江海事局安全处剖析商渔船事故多发原因，推动浙江商渔船"遏重大"治理走深走实见实效。

（四）坚持与队伍建设相融合，实现业务发展同统筹

充分发挥"吴船长劳模创新工作室"作用，抓好海事调查官、安全管理体系审核员两支队伍建设，紧盯安全领域发展方向，完善海事调查官和审核员管理制度，推动建立首席海事调查官制度，组建水上交通事故调查专家库，实施重大事故海事调查官异地调派等，为"桑吉"轮碰撞事故、"中华富强"轮火灾爆炸事故、青岛"4·27"船舶污染事故等事故调查提供人力资源保障。紧跟国际研究方向，建立国际海事研究委员会安全管理分委会和海事调查分委会，筹办国际海事调查官交流等活动，支部党员吴延国同志连续四届担任国际海事调查官论坛助理主席，在公约制定、国际海事调查合作等方面发挥了重要作用。

三、工作启示

在推进"四强"党支部建设过程中，支部深刻认识到必须坚定政

坚持"四个融合"工作法　奋力推进"四强"党支部建设

治信仰，发挥政治机关引领力，才能为支部战斗堡垒作用发挥提供思想政治保障；必须找准党建工作和业务工作的结合点，深度融合，党建工作才能有强大生命力；必须将党建工作与难题破解和队伍发展相融合，才能凝聚党员向心力，提振支部战斗力，促进支部各项工作健康持续发展。

以"三兵"建设为引领
努力打造"五个一流"党支部

交通运输部长江航务管理局办公室党支部

一、案例背景

近年来,交通运输部长江航务管理局办公室党支部认真贯彻落实新时代党的建设总要求,高质量抓好党建、高效能提升业务、高标准强化服务,坚持以"三兵"建设为引领,以"三学"学习法提升政治理论和业务水平,以"三同"工作法促进党建与业务深度融合,把支部的政治优势、思想优势和机关"中枢"优势转化为推进工作的强大动力,努力打造"五个一流"党支部,即"一流的认识、一流的效率、一流的窗口、一流的业绩、一流的队伍"优秀团队。

二、主要做法

(一)实行"三学"学习法,不断夯实理论基础,打造学习型党支部

一是"即时学"。建立晨学机制,每日15分钟,按计划轮流领学,及时学习习近平总书记重要讲话精神,党中央、国务院及交通运输部最新决策部署,分享最新行业资讯,强调时效性、注重内容

以"三兵"建设为引领　努力打造"五个一流"党支部

新。同时,建立学习资料库,分类管理,方便查询,为文稿撰写提供素材。

二是"融合学"。坚持理论与实践融合,引导党员把理论学习与长江航运的新形势、新要求紧密联系起来,做到学思用贯通,知信行合一;坚持党务与业务融合,将党的理论、业务知识和政策要求全面纳入,统筹兼顾、一体推进;坚持线上和线下融合,创新构建多维度学习和宣传载体,通过机关在线、宣传展板、微信平台等渠道让党支部学习更加高效便捷。

三是"创新学"。开展"青年课堂",支部青年党员从"课桌后"走向"讲台前",每月自选主题轮流授课,将业务工作思考感悟进行交流分享,相互启迪。以主题党日活动为载体,支部"走出去"与局系统基层单位开展联学,上下联动,共同提高;组织支部党员赴红色教育基地接受洗礼,铭记历史,感悟初心。

（二）*落实"三兵"建设要求,持续强化政治引领,打造模范机关党支部*

贯彻落实部党组"三兵"建设要求,不断加强支部作风能力建设,务实笃行,践行初心使命。

一是在以文辅政方面,着力提升政治站位,坚持"身在兵位、胸为帅谋",高质量完成重要会议、重大活动的领导讲话材料起草;聚焦长江航运高质量发展重大事项和难点问题,深入一线调研,撰写专题报告,当好领导科学决策的"参谋部";贴近民生、聚焦热点,高效完成政务信息报送,坚持每周编写《长航要情》,为领导掌握全局当好"情报部",用实际行动践行"攻坚克难当好尖兵"的要求。

二是在政务运行方面，坚持围绕中心、服务大局，早部署、晚盘点，列出任务清单，每日总结形成《政务运行动态》，做到"事不过夜、案无积卷"；高标准严要求做好公文运转，字斟句酌、精益求精，做到"文经我手无差错"；以细致精致极致的态度和服务完成会务接待，确保"事交我办请放心"，在政务运行、会务保障中树立大格局、大胸怀、大担当，用实际行动践行"以身作则当好标兵"的要求。

三是在信访保密方面，始终坚持从讲政治的高度，增强责任感和使命感，处理信访事项过程中，严格按程序在政策范围内办事，做到有理有据，有法可依。始终保持高度政治敏锐性，严守保密规定，支部未发生任何泄密安全事件，切实践行"严守规矩当好哨兵"的要求。以"三兵"建设为契机，锤炼打造了一支"走在前、作表率"的模范机关支部。

（三）坚持"三同"工作法，促进党建与业务融合，打造"五个一流"党支部

以"五个一流"为目标，坚持党建与业务工作同部署、同督查、同落实，推动党建业务深度融合，充分发挥党支部战斗堡垒先锋作用。

一是制定党建工作计划，根据支部实际，将上级党建任务分解细化，结合局月度例会工作要求，在支部会上明确每月、每周党建工作任务，实现党建与业务工作"同部署"。

二是建立"晚盘点"工作机制，每日下班前复盘当日工作完成情况，及时反馈任务进展，分析解决存在的问题；将上级巡视审计等反馈问题整改同长江航运高质量发展任务清单相结合，坚持周跟踪、月督办，实现党建与业务工作"同督查"。

以"三兵"建设为引领　努力打造"五个一流"党支部

三是严格落实支部书记讲党课、"三会一课"、组织生活会等党内生活制度；认真践行党员承诺，明确整改措施，定期对践诺情况进行检查；积极履行社会责任，节假日主动下沉社区值守。支部会议及时反馈工作推进情况，充分发挥党员先锋模范作用，实现党建与业务工作"同落实"。

三、工作启示

实践中，局办党支部始终以党建为引领，自觉践行"五个坚持"，努力做到"三个高"：

一是高站位思考谋划，这是履职之基础。旗帜鲜明讲政治、抓学习，用新理念新思想武装头脑，坚持胸怀全局、站位高远，做到跳出一隅看全局，立足全局观大势，准确掌握形势动态，谋大事、谋长远，当好参谋助手，做到参之有道、谋之有方、助之有力。

二是高效率协调运转，这是破题之要领。局办是全局工作运转的中枢，发挥着承上启下、内外联通、左右协调的重要作用。支部每名党员各司其职，高质高效履行职责，同时注重加强合作，形成了具有凝聚力、向心力和战斗力的团队，高效率沟通、全方位协调，当好桥梁纽带，推动全局工作同轴共转、同频共振。

三是高标准推动落实，这是成事之关键。一分部署，九分落实。抓落实，是党的政治路线根本要求，也是局办开展工作的重要方式。支部党员以极端负责的工作作风，不讲条件、不打折扣把上级决策部署落实到本职岗位。同时，充分发挥支部战斗堡垒作用，以效果为导向，聚焦重点和关键狠抓全局工作督办，推动常规工作有创新、重点工作有突破，确保取得高质量成果。

学思践悟　忠诚尽职
建强基层战斗堡垒

交通运输部珠江航务管理局人事处党支部

一、案例背景

近年来，交通运输部珠江航务管理局人事处党支部深入学习贯彻习近平总书记关于机关党的建设重要论述，全面贯彻落实新时代党的建设总要求和新时代党的组织路线，认真落实部党组、局党组、广东省直机关工委关于加强基层党组织建设的有关要求，自觉对照"让党中央放心、让人民群众满意"和"讲政治、守纪律、负责任、有效率"要求，探索创新工作思路，推进党建与业务深度融合，以高度的政治自觉，抓党建带队伍促业务，大力推进模范机关创建工作。

二、主要做法

（一）强化政治意识，努力创建对党忠诚的模范机关

一是树牢政治机关意识，坚定政治忠诚。强化党支部政治功能，通过开展党史学习教育、同过党员"政治生日"、学习先进模范、落实"第一议题"跟进学习等方式，教育支部全体党员时刻铭记自己的第一身份是党员，作为党的干部的第一职责是为党工作、为民服务，

让坚定的政治信仰成为推动各项工作高质量发展的"红色引擎"。

二是加强理论武装，坚守政治信仰。始终把深入学习贯彻习近平新时代中国特色社会主义思想作为首要政治任务，将学习习近平总书记重要讲话精神作为日常必修课，建立"每月一学一测"制度，每月至少组织2次集中政治理论学习，每月安排专题学习研讨，组织党员干部撰写学习体会文章，充分利用"学习强国"等平台，开展知识测试，督促党员学在日常、思在经常。

三是强化政治引领，确保方向正确。把政治标准和政治要求贯穿履职全过程，认真贯彻落实部党组、局党组工作部署，充分发挥党组秘书职责，建立会前议题政治审核及党组决策督办落实机制，完善重大事项请示报告制度；坚持党管干部原则和"好干部"标准，对政治不合格的干部实行"一票否决"；起草制定《局党组关于强化政治机关建设十项措施的意见》，引导全局党员干部旗帜鲜明讲政治。

(二) 融入服务大局，努力创建担当作为的模范机关

一是紧扣疫情防控政治任务，筑牢全局健康安全防线。主动担当作为，积极开展疫情联防联控工作，激励支部党员干部当先锋、打头阵、作表率。至今已坚持910天不间断开展每日摸查，完成几十万条动态信息排查，组织了上千人次进行核酸检测，发布各类防疫信息近千条，坚决排除安全隐患；统筹抓好常态化疫情防控和事业发展，组织全局干部职工提前完成疫苗接种，落实精准防控措施，确保疫情防控和工作推动两不误，全局干部职工及家属"零感染""零确诊"。

二是以正确用人导向引领干事创业导向，为推动珠江水运事业发展提供坚强的人才保障。党的事业关键在人，干部是决定性因素，在局党

组的强有力领导下，努力推动干部队伍建设向上向善发展。用好用活职务职级并行"双通道"，坚持"实干实绩"的选人用人导向，建立能上能下择优选拔机制，探索差额择优晋升，有力破除论资排辈、平衡照顾等落后观念。加强干部教育培训，建立"机关大讲堂"机制，扎实推进"三基"建设，建立健全干部管理"1+N"制度体系及激励机制，制定《关于激励干部新时代担当作为实施举措》等，帮助干部健康成长。

三是坚持以人为本，积极践行"我为群众办实事"承诺。积极开展承诺践诺，着力打造"干部之家、人才之家、老干之家"。加强对干部关心关怀，坚持"开门办公"，耐心真诚倾听干部诉求；加强福利待遇和社会保障工作，克服困难完成养老保险改革，争取加入省直机关医疗保险；用心用情服务离退休干部，建立离退休联合工作小组，协调建立党建活动室，主动上门贴心服务高龄、患病、失独等困难老干部，帮助协调停车便利等问题，以更大力度为老同志办实事、做好事、解难事。

（三）聚焦党建引领，努力创建融合发展的模范机关

一是加强支部建设，提高标准化规范化水平。扎实落实加强基层党组织建设三年行动计划和"三基建设"要求，结合"三基建设"要求，全面对照查摆问题，整改落实。狠抓"三会一课"规范化，2021年已召开支部会议29次，党支部书记讲党课5次，组织生活会2次，积极同部属驻粤单位党组织开展联学共建活动。建立廉洁自律提醒教育制度，推动党员干部思想上警醒、行动上自觉。2020年人事处党支部被评为珠航局"两争一创"先进基层党组织，2021年获"省直机关模范机关先进单位"。

二是注重队伍培养，建设过硬组工队伍。贯彻局党组"当不好支

部书记不能当处长""做不好党务工作不宜提拔为处级干部"的要求，支部书记认真践行"一岗双责"，要求支部党员不论在任何岗位，不仅要做到业务成绩优秀，还要做到党务成绩优秀。注重提高党务工作能力及专业化能力，开展内部岗位交流，共同参与干部考察、人才规划、干部人事档案专项审核等业务工作，积极参加局重大专项工作，建立一支"讲政治、重公道、业务精、作风好"的组工队伍。

三是擦亮支部品牌，推动党建和业务深度融合。落实局党组关于以"六同步""五部曲"推进党建和中心工作融合发展的要求，推动党建业务双向融合。擦亮"实干服务"型支部品牌，立足服务党组、服务机关、服务干部的宗旨，将坚持党的全面领导贯穿到干部人事工作的各方面全过程，完善党建与业务同谋划、同部署、同落实、同检查机制，实现"人"的责任整合、"事"的过程融合、"果"的一体结合，不断把党的建设优势转化为实际工作成效。

三、工作启示

一要始终坚持以加强党的政治建设为统领。在学懂弄通做实习近平新时代中国特色社会主义思想上下功夫，把捍卫"两个确立"、践行"两个维护"的政治自觉落实在具体行动上、体现在工作实效上。

二要持续深化党建与业务工作深度融合。充分发挥党支部的政治功能，以党建促业务，以业务强党建，不断提振全体党员干部担当作为的强大精神力量，推动工作高质量发展。

三要着力锻造忠诚干净担当的干部队伍。以创建模范机关为抓手，对标对表找差距，加强严管厚爱，切实增强干部队伍的向心力、凝聚力、战斗力。

坚持"四个注重"
持续强化青年理论武装

国家铁路局综合司党支部

一、案例背景

国家铁路局综合司党支部"80后""90后"青年党员共23名，占在职党员人数的近70%。针对青年党员人数多、思想活跃的特点，支部坚持"四个注重"，在思想引领、方式方法、机制保障、平台搭建方面持续发力，不断强化青年理论武装，逐渐形成了氛围热烈投入、活动有声有色、成效日益显现的学习新风尚。

二、主要做法

（一）注重思想引领，夯实组织阵地

支部将青年干部理论提升作为重点工作，支委会每年听取专题汇报并研究制定《青年理论学习工作实施方案》。在推动党史学习教育常态化长效化，开展"学查改"专项活动中，打破处室界限，以青年理论学习小组为抓手，探索形成"每天精读一文章、每周摘录一论述、每月汇报一成果、每季思考一感悟、每年总结一体会"的"五一"学习模式。各支委成员担任青年理论学习辅导员，实施"导师带

徒"行动，实现全员、全年、全方位"传帮带"，为青年干部答疑解惑、分享经验。

（二）注重方式方法，确保入脑入心

组建以青年为骨干的习近平新时代中国特色社会主义思想学习小组，系统梳理习近平总书记关于铁路工作重要论述，及时跟进学习习近平总书记最新重要讲话精神，研究提出贯彻落实建议，服务保障局党组"第一议题"制度落实。在每月开展的组织生活日理论学习中专门设置青年理论学习交流环节，每次安排1名青年同志结合自身学习成果，自选题目，精制PPT，用30~40分钟时间讲述学习体会，在此基础上由支部书记点评，党员干部互动交流，进一步促进真学真信，强化入脑入心，做到笃信笃行，将交流分享成为青年干部展现风采、表达思想、比学互学的大舞台。2021年以来共有18位青年党员，围绕"国际共产主义""共产党宣言""二七精神"等分享研究课题，目前收录汇总各类学习专题20余篇。与此同时，支部每周固定集体学习时间，围绕习近平同志《论党的青年工作》《习近平经济思想学习纲要》等开展专题学习研讨。充分利用好专家教授辅导授课等"外脑"资源进行解疑释惑，"补钙壮骨"。在综合司青年微信群中开展"晨读一刻钟""夜学半小时""读书班"等活动，做到随时随地学，即时即分享，将理论武装融入日常、抓在经常。组织开展"政治生日"，定期送上"生日寄语"，前往双清别墅、"一二·九"运动纪念亭等开展沉浸式现场教学，从红色资源中赓续红色血脉，不断滋养初心，激励使命。

（三）注重机制保障，激发学习活力

一方面建立学习档案，详细记录青年党员干部参与的重要培训、重要成果和重要奖励；每季度定期开展理论测评，反映学习情况和成果，让青年理论学习有据可查、一目了然。另一方面注重正向激励，选树青年理论学习先进典型，并将学习情况与年度评优评先相挂钩，注重理论素养的用人导向，从青年理论学习小组成员中培养选拔干部。

（四）注重平台搭建，强化学以致用

重视培养青年理论骨干，放手让青年干部在理论研究、阐释、宣传等方面挑大梁，其中青年党员崔学斌所撰写的《大力弘扬以"人民铁路为人民"为宗旨的精神谱系》一文入选中央组织部建党百年优秀论文库。选推青年干部参加"喜迎二十大——我是新时代交通人"行业宣讲，用青年声音传播新时代铁路故事。以青年党员为主力的代表团队参加全局"七一"知识竞赛并荣获二等奖。青年党员庞书娟参加全局"七一"重要讲话精神专题座谈会分享学习体会。选派多名青年骨干参与全局综合调研，赴兰州、西安、沈阳等地，形成多份高价值调研报告，并得到局领导的高度肯定。

三、工作启示

一是把握"高"的要求。只有高标准才有高质量。青年理论学习必须要作为创建模范机关的重要内容来抓，加强组织领导，主动创造条件，形成齐抓共促的整体合力，不断推动工作走深走实。

二是突出"活"的形式。理论学习是"在人的头脑里搞建设"，既要得力，更要得法。要结合青年思想困惑、契合学习需求，科学制定"任务书"，绘制"路线图"，把握工作特点规律，丰富形式载体，创新学习模式，以学习形式"活起来"，促进学习质量"高起来"。

坚持"四个注重" 持续强化青年理论武装

三是弘扬"实"的作风。要注重搭建实践平台,弘扬实干精神,把火热实践作为最好课堂,把工作岗位作为最好考场,让青年干部在急难险重任务中不断深化、消化、转化理论学习成果,在挑重担、啃硬骨头、接烫手山芋的磨砺中壮筋骨、长才干,经受实践锻炼和考验。

★ 国家铁路局综合司党支部赴香山革命纪念馆开展主题党日活动

精心打造"六强工程"
扎实推进标准化规范化党支部建设

国家铁路局规划与标准研究院综合处党支部

一、案例背景

国家铁路局规划与标准研究院综合处党支部始终坚持围绕中心、服务大局，找准自身工作服务全院发展的着力点和结合点，自觉把各项工作放在全院发展的大局中去考虑谋划，瞄准建设"四强"党支部目标，着力在组织设置、支委会建设、组织生活、功能作用、党员队伍建设、制度保障六个规范上下功夫，精心打造"六强工程"，扎实推进党支部标准化规范化建设。

二、主要做法

（一）扎实推进"党旗工程"强政治

树牢政治机关意识，坚持把政治建设摆在首位，将习近平总书记重要讲话精神及党中央重大决策部署作为政治理论学习"第一议题"，及时组织党员干部学习研讨，引导党员深刻领悟"两个确立"的决定性意义，增强"四个意识"、坚定"四个自信"、做到"两个维护"，在不断提高"政治三力"中淬炼"硬核"本领。严守政治纪律政治

精心打造"六强工程" 扎实推进标准化规范化党支部建设

规矩,充分发挥党支部"管到人头"优势,严格意识形态教育管理,守好意识形态责任田。加强对党员干部的纪律教育,开展家风家训宣传活动,引导党员干部自觉带头树立良好家风。切实做到对党忠诚,通过重温入党誓词、过"政治生日"等政治仪式,开展对党忠诚教育,增强党员党性修养,发展积极健康的党内政治文化,全面净化党内政治生态,激发党员的党员意识,使支部每名党员都成为一面鲜红的"党旗"。

(二)扎实推进"聚力工程"强组织

着力规范党支部组织生活,以政治建设为统领,以全面提升组织力为目标,坚持"三会一课"、组织生活会、民主评议党员、党日活动等组织生活制度,引导党员干部在组织生活中锤炼党性修养、领悟共产党员的初心底色。着力规范支委会班子建设,抓好自身建设,党支部书记切实履行第一责任人职责,支部委员分工负责,精学业务,规范制度,强化执行,切实增强党支部班子的整体合力。着力发挥支部功能作用,深入开展"学查改"专项工作,召开专项组织生活会,激发每名党员立足岗位做贡献的积极性主动性,增强党支部整体的凝聚力和战斗力,引领各项工作提质增效。

(三)扎实推进"凝心工程"强学习

抓好常态化学习,以学习贯彻党的十九届六中全会精神、习近平经济思想、《习近平谈治国理政》第四卷为重点,严格执行国家铁路局组织生活日(党日)理论学习制度,坚持和发扬"6+1"常态学习法,确保习近平新时代中国特色社会主义思想在基层党员中"入脑、入心、见行动"。突出网络化学习,利用"固定随身学"微信群,将

新时代交通运输部系统党支部建设典型案例

集中学习和分散自学相结合、线上学和线下学相结合,提升学习成效。突出多样化学习,通过"研院讲堂""我来讲党课"等学习形式,努力实现基层党建和常态学习久久为功,将全体党员的思想统一到贯彻落实习近平新时代中国特色社会主义思想上、凝聚到尽职履责推动铁路高质量发展上。

(四)扎实推进"榜样工程"强队伍

坚持广泛选树,在开展党史学习教育活动、创建模范机关工作中,深入挖掘典型,开展建功立业先进个人、扎实开展"两优一先"、模范机关建设先进个人评选,选树各类典型榜样。大力宣传先进,用好党建文化墙、微信平台等宣传阵地,宣传优秀事迹,发挥榜样力量,用身边人身边事带动教育党员。开展比学赶超,立足本职岗位开展比学赶超活动,比学习、比业务、比形象、比作风,定期点评,营造浓厚氛围,逐步提升队伍整体能力素质。

(五)扎实推进"样板工程"强制度

做学习制度的样板。采取组织生活日集中学习、个人自学、交流研讨等方式加强对党建相关制度的学习,做到业务精、要求明。做完善制度的样板。根据党中央和上级党组织的要求部署,结合院实际情况,逐步建立健全完善院各类制度,建立规范党支部各项基础制度、操作办法,确保制度的规范有效管用。做执行制度的样板。教育全体党员干部牢固树立制度规矩意识,严格按章履职,将制度执行工作完成情况纳入党员年度民主评议重要内容,维护制度的严肃性。

(六)扎实推进"双促工程"强融合

注重加强党建工作引领,认真学习习近平总书记关于铁路工作的

精心打造"六强工程" 扎实推进标准化规范化党支部建设

重要指示批示精神，组织党员干部赴川藏铁路等铁路建设一线进行实践锻炼，促进理论与实践相结合，推动党建与业务统筹融合，增强党建引领作用发挥。注重强化服务中心工作，树立"融入中心抓党建，抓好党建促发展"的党建工作思路，积极探索党支部发挥作用的方法和途径，将解决"群众接待日"反馈问题作为党建和业务工作的结合点、互促点，协调各处（所）及时解决干部群众关心事、揪心事，实现党建和中心工作融合共促。注重干部队伍融合，以提高素质能力为重点统筹党务干部，把党务工作经历纳入专兼职党务干部履历工作中，将贯彻落实院党委部署和完成重点工作任务等情况作为年度评先评优的主要依据，形成党建＋业务"一盘棋"的思想共识。

三、工作启示

"六强工程"以加强支部自身建设为切入点，坚持思想建设与理论学习相结合，直击基层党组织弱化、虚化和党员作用发挥不明显等问题，有效促进了"两个作用"的发挥。立足综合协调保障的基本职责，坚持党建和业务融合互促，把党建工作同新形势要求、重点工作和党员成长需求相结合，将支部党建和业务工作同谋划、同部署、同落实、同检查，在谋划重点任务时注重党建引领作用、在部署党建工作时注重强化服务保障中心工作的导向，有力推动了铁路标准、定额和科技创新工作高质量发展。

以模范机关创建服务机场高质量发展

中国民用航空局机场司党支部

一、案例背景

中国民用航空局机场司负责全国民用机场建设、安全、运营管理相关工作。在民航局党组和直属机关党委领导下,机场司党支部坚持"高站位、高标准、高质量",持续"强本领、强服务、强作风",以机关党建服务系统党建,以机关高质量党建服务行业高质量发展,努力建设让党中央放心、让人民群众满意的模范机关。

二、主要做法

(一)坚持"高站位",着力加强政治机关建设,努力在践行"两个维护"上走在前、作表率

支部书记围绕《走好第一方阵、做好"三个表率"》讲专题党课。以"第一议题"制度为抓手,健全完善《支部关于进一步加强习近平总书记重要指示批示贯彻落实的工作机制》。印发落实《中国民航四型机场建设行动纲要(2020—2035年)》和《关于打造民用机场品质工程的指导意见》,推动习近平总书记关于打造"四个工程"、建设"四型机场"重要指示精神落实落地。

(二)坚持"高标准",着力加强标准化规范化建设,努力在党建和业务深度融合上走在前、作表率

鼓励创新"党小组工作法",把业务的痛点、难点和关键点,作为党建的切入点、结合点和着力点。制定《支委会和司务会审议事项清单》,坚持党建与业务"双审议、双结合"。制定组织生活"五个是否"检查单,把是否解决党建和业务"两张皮"问题等5项内容,作为检验组织生活的重要指标。制定《支部党建和业务"双述双评"工作要求》,把党建和业务开展成效互相作为考核硬指标。

(三)坚持"高质量",着力加强与协作单位联学共建,努力在以高质量党建推动高质量发展上走在前、作表率

与机场联学共建,以习近平总书记关于安全生产重要论述为指导,补齐运行安全短板;与建设单位联学共建,以习近平经济思想和生态文明思想为指导,推动加快机场建设和规划设计理念创新;与民航地区局联学共建,以习近平总书记关于打赢脱贫攻坚战重要论述为指导,加快边远机场建设项目攻坚;与科研单位联学共建,以习近平总书记关于科技创新重要论述为指导,加强新技术推广应用示范。

(四)坚持"强本领",着力加强学习型组织建设,努力在打造政治过硬、本领高强的干部队伍上走在前、作表率

建立周五"学习日"机制和"机场微课堂"学习品牌,常态化开展讲政治、讲业务"双讲"学习活动,组织全体党员通过"融合微课"方式讲授政治和业务知识,有效激发学思践悟的积极性、主动性、创造性。注重以支部学习引领和带动青年理论学

习，鼓励青年理论学习小组建立"五个一"机制，带头推荐一本好书、撰写一篇文章、组织一次活动、讲授一次课程、攻克一个难题。

（五）坚持"强服务"，着力加强服务型机关建设，努力在为民服务上走在前、作表率

上线安全监管、专用设备、招标投标、通用机场等信息系统，进一步加强信息公开、提高审批效率。开放建设市场，民航施工、监理和工程设计企业数量较"十三五"初期分别增加1.3倍、2倍和11倍。制定《民航建设工程复工复产疫情防控技术指南》，细化工地防控措施，做好农民工权益保障，指导服务复工复产。开展机场服务设施提升专项行动，增强人民群众和民航职工对机场高质量发展的获得感幸福感。

（六）坚持"强作风"，着力加强党风廉政建设，努力在践行忠诚干净担当上走在前、作表率

制定《机场司作风建设十条》，以廉洁文化建设推动党风廉政建设。制定《支部党内谈话实施办法》，常态化开展谈心谈话、廉政谈话。编制《业务运行权力清单暨廉政风险管理应用指引》，结合业务特点强化廉政风险防控。经常性开展优良家风主题教育，推动以优良家风作风带动党风政风清正。参与开展机场工程建设领域违规违法行为专项整治，推动机场领域党风廉政建设体系进一步健全。

在模范机关创建的引领下，支部以机关党建服务系统党建，与有关单位联合举办《党领导下的机场建设发展史》专题讲座，联

以模范机关创建服务机场高质量发展

合开展民航重要文化遗迹遗存调查,参加"民航人向党旗报告"主题宣讲。以机关高质量党建推动行业高质量发展,机场安全运行指标创10年来最好,服务和联合有关单位打造北京大兴国际机场全球空港标杆,向党和人民交上了一份令人满意的答卷。在模范机关创建的引领下,机场司获记民航公务员集体一等功,机场司党支部荣获民航局直属机关先进基层党组织、交通运输部系统建设模范机关先进集体、中央和国家机关"四强"党支部等荣誉称号。

★ 2021年7月8日,机场司党支部赴北大二院旧址参观"伟大开篇——中国共产党早期北京组织"专题展览

三、工作启示

创建模范机关,政治机关建设是根本,学习型组织建设和标准化规范化建设是基础,党建业务融合是关键,以联学带动系统和行业共

新时代交通运输部系统党支部建设典型案例

建是动力,深化为民服务是核心,党风廉政建设是保证。加强模范机关创建,最终目标是以高质量党建推动高质量发展,做到"发展方向以党建引领、发展疑问与党建共答、发展难题靠党建攻关、发展规矩用党建护航;高质量发展为高质量党建提供场景阵地,高质量党建为高质量发展提供引领保障",推动高质量党建和高质量发展实现"乘数效应""化学反应"。

以"五个坚持"为发力点
做好党建与审计业务融合工作

中国民用航空局审计中心第一党支部

一、案例背景

中国民用航空局审计中心第一党支部现有党员 9 名,支部委员 3 名。在党委的坚强领导下,第一党支部以习近平新时代中国特色社会主义思想为指导,深入学习贯彻习近平总书记在中央和国家机关党的建设工作会议上的重要讲话精神,探索党建与业务深度融合的路径,形成了"五个坚持"融合工作思路,有效推动党建工作与审计业务目标同向,部署同步,工作同力。

二、主要做法

(一)坚持统筹谋划,促进融合工作清单化

第一党支部由党委办公室和审计一部组成,书记由党委办公室主任担任,支委成员由审计人员担任,具备党建与业务融合的组织优势和人员优势。支委切实发挥"领头雁"作用,按照党委制定的《关于推进党建与审计深度融合的实施意见》要求,将党建与审计业务融合的具体内容体现在支部年初工作计划中,明确责任人和完成时间,通过建立工作

新时代交通运输部系统党支部建设典型案例

清单对融合情况动态跟踪,确保融合工作的贯彻落实和效果。

(二)坚持思想建设,促进学习教育常态化

第一党支部注重加强党员思想政治建设,不断拓宽工作思路,利用"线上+线下"工作模式促进学习教育常态化。

一是支部集体学习时认真落实"第一议题"制度,深刻学习领会习近平新时代中国特色社会主义思想,引导党员干部把捍卫"两个确立"切实转化为做到"两个维护"的政治自觉、思想自觉和行动自觉。

二是通过专题党课、重温入党誓词、读书分享、线上参观"国歌展示馆"、实地参观北大红楼旧址等主题党日活动,不断淬炼支部党员的党性,强化党员意识。

三是通过"学习强国"学习平台自学,每周推送线上党史知识微课堂,开展党章党规党纪知识线上答题活动等,提升党员遵规守纪的意识,让支部党员牢记民航审计人的初心和使命,更好地履行党员义务。

(三)坚持制度落实,促进融合工作规范化

为确保审计项目组外出审计期间党建工作正常开展,根据审计中心党委《关于加强审计项目现场党建工作的实施意见(试行)》,第一党支部针对外出1个月以上的审计项目人员,组建临时党小组开展学习和活动,并设廉政监督员加强党风廉政建设,打通党建与审计业务融合的"最后一公里",实现了组织程序不缺失、支部作用不缺位、廉洁教育不断档的目标,更好地发挥审计现场党组织和党员在执行审计任务中的战斗堡垒和先锋模范作用。

(四)坚持有机统一,促进融合内容精细化

党的领导是审计工作的指引和保障,同时审计中也会涉及到党的

以"五个坚持"为发力点 做好党建与审计业务融合工作

知识，第一党支部以此为切入点和结合点，加强党建与审计交叉学习交流。由从事党务工作的党员讲解党纪党规以及审计中涉及的"三重一大"相关知识及案例，审计业务人员讲解违反中央八项规定及其实施细则精神相关的审计案例，党员互相点评交流，同时通过定期开展警示教育不断强化审计人员的纪律意识，拓宽了审计思维，切实促进了党建与审计的有机融合。

（五）坚持评估跟踪，促进融合结果实效化

第一党支部通过日常谈心谈话听取党员意见，收集党员干部对融合工作的想法及问题反馈，并切实开展自我检查。针对党建与审计业务融合成效不显著的环节，及时调整，坚持做到有针对性地整改，把党支部落实责任的成效体现在解决问题上，确保党建与业务融合工作的稳步推进。

三、工作启示

做好党建与业务融合工作，提高思想认识、加强统筹谋划是基础；压实主体责任、推动贯彻落实是关键；加强评估检查、动态跟踪调整是保障。只有这样一步一个脚印抓到位，才能不断促进融合质量的提升。

第一党支部探索形成的"五个坚持"融合工作思路，有效调动了支部党员参与党建工作与审计业务工作的积极性、主动性。近年来，支部党员认真完成了多项审计项目，还有党员荣获交通运输部系统优秀党务工作者、民航系统抗击新冠肺炎疫情优秀共产党员等多项荣誉称号，实现了党建工作与审计工作的同向共促、同频共振，对于提升各项工作实效起到了积极的推动作用。

以"4S"工作法为抓手推动党建与中心工作深度融合

国家邮政局办公室（外事司）党支部

一、案例背景

近年来，国家邮政局办公室（外事司）党支部坚持以习近平新时代中国特色社会主义思想为指导，坚决贯彻落实习近平总书记重要指示批示精神，紧紧围绕国家邮政局党组中心工作和重点任务，结合党建工作和职能特点，总结提炼了支部"4S"工作法（Service 服务、Support 支撑、Study 学习、Sharing 共享），既是方法，也是理念，渗透于党支部工作、学习、生活的方方面面，指引和促进支部各项工作，助力支部连续 5 年被评为交通运输部系统、国家邮政局先进基层党组织。

二、主要做法

（一）强化服务意识，打造表率型机关

一是坚决服务大局。立足"两个大局"，牢记"国之大者"，建立习近平总书记关于邮政快递业重要指示批示督办台账，做到习近平总书记最新重要讲话先学一步、重要指示批示带头落实、重大决策部署

以"4S"工作法为抓手　推动党建与中心工作深度融合

重点督办,把"两个维护"落实到政令畅通"最先一公里"和推进落实"最后一公里"。

二是全力服务中心工作。坚持把"谋大局抓大事"贯穿中心工作始终,增强工作主动性、预见性和前瞻性,为局党组科学决策、推进发展当好参谋。坚持"一分部署、九分落实",分解年度目标任务、更贴近民生实事,建立"月督促、季综合、半年报、年总结"督办机制,为推进党中央国务院重大决策部署在行业落地当好督办员。

三是扎实服务基层和群众。牢记为民服务宗旨,认真办好信访、公开、政务服务等便民利企工作。带头执行中央八项规定及其实施细则精神,整治形式主义为基层减负,深入一线调研,察实情、出实招、求实效,发挥好窗口和纽带作用。

（二）强化支撑作用，建设实干型部门

一是当好统筹协调全局的"大综合"。协调上下左右内外,大事难事敢于负重、勇于担当,当好总调度、总调节。吃透上情、摸清下情、把准实情,信息报送工作取得较好成效。统筹督查督办、网络、信息化、保密、档案等综合保障,规范机关运行秩序。

二是当好系统财务管理的"大管家"。落实过紧日子要求,聚焦中心服务大局,盘活用好每一笔资金。推进邮政领域财政事权划分改革,指导各地积极争取资金和政策。强化内控管理和审计监督,夯实全系统财务管理基础。

三是当好行业对外交流合作的"外交官"。深度参与全球邮政治理,做好万国邮联等国际组织工作,妥善应对终端费、会费调整等重大改革,坚决维护我国权益。积极推进邮政业服务"一带一路"建设,加强多双边合作,深化与港澳台邮政交流,推动中欧班列运邮,为行业发展争取良好环境。

（三）强化学习之风，建设学习型组织

一是增强学习意识。按照"忠、专、实"要求,大张旗鼓抓学习,坚持用习近平新时代中国特色社会主义思想铸魂育人,扎实开展党史学习教育,常态开展党性宗旨教育,引导党员自觉用党的创新理论武装头脑、指导实践,把学习作为第一需要和终身任务。

二是丰富学习形式。开展参观红色教育基地、重温入党誓词等活动,寓教其中,提高感染力。用好"支部工作"APP等信息化手段,组织开展读书活动、青年理论学习小组活动等,持续巩固理论基础,在全局党史知识竞赛中获得团体第一名。每年开展优秀公文、调研报告评选,推动提升业务能力。加强典型宣传,用身边人身边事教育人引导人激励人。

三是营造学习氛围。鼓励党小组长、年轻党员积极参与支部工作,积极创造各类锻炼机会,利用集会、座谈等场合安排干部上台发言,让干部在实践中历练、在尽责中成长。

（四）强化共享意识，营造共进型环境

一是主动"搭台""补台"。事事以大局为重,摒弃部门思维,注重调动机关合力。与邮政快递企业、机关部门、直属单位等开展联学联建活动,与有关司室、省局等共同承办重大活动、协同完成重点任务。加强谈心交流,党员轮流讲党课,共享知识和经验,互帮互学互补,促进整体提升。

二是充分发扬民主。执行民主集中制,坚持重大事项集体研究。

以"4S"工作法为抓手　推动党建与中心工作深度融合

支部报告、重要事项等情况向全体通报,重要决定征求全体意见,定期开展述职评议。广开言路听取意见,鼓励积极建言献策。开好组织生活会,深入开展批评和自我批评,让"红脸、出汗"成为常态。

三是坚持"两手抓、两促进"。把党建与行业实情、部门实际相结合,做到党课内容融入业务特点,组织活动贴近行业现状,日常工作体现作风要求。党史学习教育中扎实开展为群众办实事活动,坚持以深学促实干、以实践促党建,积极为基层解难题、为群众办实事,实现党建业务深度融合互促发展。

三、工作启示

用"4S"工作法把服务、支撑、学习、共享四个理念相结合,既体现了经验和特点,又表明了追求和态度,是支部每名党员的工作目标和行为规范,对于统一思想认识、凝聚团队力量发挥了积极作用,成为干部成长和单位发展愿景统一的黏合剂、支部建设与中心工作互促共进的助推器,有利于破除党建与实际工作"两张皮"现象,促进党建与业务相融合、双促进、共提升。

夯实支部"四合"工作法 开拓模范机关建设新局面

国家邮政局政策法规司党支部

一、案例背景

国家邮政局政策法规司党支部坚持把党对邮政快递业的领导贯穿工作全过程、各方面。支部的5个党小组20位党员团结一致,以强烈的政治担当、顽强的斗争意志、扎实的工作作风,努力打造坚强的战斗堡垒,确保邮政快递业规划、政策、法规、统计、科技和标准化等工作按中央指明的方向前进。支部提出和夯实了"四合"工作法,积极开拓模范机关建设新局面。

二、主要做法

(一)强调政治功能,思想行动积极承合

一是"忠"字上当标兵。国家邮政局政策法规司党支部坚持"首题必政治",将学习习近平新时代中国特色社会主义思想和习近平总书记重要指示精神作为支部各类会议的"第一议题"。制定实施《支部实务十条》,要求所有方案、文稿、发言都要与习近平总书记相关论述对标对表,用实际行动维护和践行看齐要求。

夯实支部"四合"工作法　开拓模范机关建设新局面

二是"专"字上争先锋。每年确定党支部委员领衔攻坚任务清单，每名委员牵头一个攻坚小组，调查研究、建言献策，让破解行业深层次政策法规问题走向常态、成为自觉。

三是"实"字上作表率。征集系统内意见建议，编制《支部标准化规范化建设标准手册》，明确优化工作事项，于细微处见实效。编发情况报告和情况交流，设立若干工作联系点，接受全方位的评议监督。

★ 国家邮政局政策法规司党支部开展集体学习

（二）加强班子建设，支委小组紧密黏合

一是坚持组织生活会全覆盖。适应疫情防控常态化要求，采用"支委会+党小组会"模式，保障实现年度和专题组织生活会党员全覆盖。党支部书记现场指导每个党小组开好组织生活会，指导青年理论学习小组深度研学"四史"。

二是严格双重组织生活。局、司领导每人分别列入一个党小组，参加小组学习、会议，形成不同职务、不同年龄党员干部相互搭配、相互促进的"传帮带"生态。

三是规制全员端正司风。制定《班子支委守则》和《全司人员守则》，督促党员干部要做到承压、进取、创新、团结、守矩，保持司风端正。党支部书记和其他支委讲党课、抓思想，鼓励党员在小组内讲好"微党课"。

（三）带强党员队伍，严管厚爱充分结合

一是从严强化组织纪律性。根据中央八项规定及其实施细则精神，梳理支部党员应当注意防范的80条风险，强调未经组织同意的活动一律不参加，未经组织批准的文章一律不发表，离开岗位或工作地要事先请示、报告，司外活动后及时提交摘要报告，特别强调领导干部必须如实报告个人事项。

二是纪律规矩教育抓在日常。规范"三重一大"，固定频次组织主题党日活动和召开党员大会。支部会议上安排15分钟左右的"纪律检查委员时间"，进行纪律告示、风险提示、案例警示"三示"教育。在重大节日前，党支部书记对全体党员进行集体廉政提醒。

三是榜样引领润心田。组织学习葛军、汪勇、其美多吉等邮政快递业模范人物的先进事迹，倡导坚守"人民邮政为人民"的行业初心，强化"传邮万里、国脉所系"的政治担当，鼓舞、激励党员干部弘扬优良家风、守护美好生活。

四是增强支部凝聚力。组织开展重温入党誓词、党员过"政治生

夯实支部"四合"工作法　开拓模范机关建设新局面

日"等政治仪式，培养推荐优秀党员，慰问生活困难党员。每年春节前夕，党支部书记代表支委会给党员写红色书信，字里行间体现组织关怀和期望。

五是畅通党员沟通渠道。开辟书报角、意见箱，设立党支部书记和支部委员恳谈日，开展"一对一"谈心谈话，做到岗位变动必谈、组织处理必谈、发生家庭变故必谈、发现苗头性问题必谈。

（四）强化堡垒作用，党建业务有机融合

一是强调旗帜鲜明讲政治，提出《解决党建与业务"两张皮"问题六项要则》和《党建业务工作2021—2023年提升计划》，号召党员干部不断提升政治判断力、政治领悟力、政治执行力。

二是根据党中央总体部署，推动邮件快件"小黄人"分拣机等新一代人工智能健康发展，带动创新邮政快递业智能安检、智能视频、智能语音三大系统。

三是发布行业发展规划，主动协调融入国家规划纲要、重点专项规划，引领邮政快递业高质量发展。

四是完善邮件快件绿色包装法规标准体系，加强包装治理的技术支撑和硬约束。

五是厚植开放发展理念，落实中央关于完善社会主义市场经济体制的战略部署。

六是推进共享行业统计数据，更好服务经济社会发展。

三、工作启示

一是在中央和国家机关尤其要做到"支部建在连上",党建与业务同谋划、同部署、同推进、同考核,为落实党中央重大决策部署凝聚战斗力。

二是支部工作要实实在在、触动人心,从细微处督促引导党员走正道、使正劲,维护队伍严密的组织性和高度的纯洁性。

三是领导干部要首先成为支部党建的积极分子,担当理论研讨、调查研究的行家里手,带动支部整体奋斗不止。

四是探索支部工作法要发挥集体创造力,鼓励党员将好想法变成好做法,争当模范机关"排头兵"。

坚持"三抓好·三创新·三结合"建强服务加快建设交通强国的战斗堡垒

交通运输部机关服务中心机关第一党支部

一、案例背景

交通运输部机关服务中心机关第一党支部现有党员13名，所在处室包括办公室（党委办公室）、资产经营管理处、房产管理处、人防绿化办公室等。机关第一党支部深入学习贯彻习近平新时代中国特色社会主义思想，深刻领悟"两个确立"的决定性意义，坚决贯彻落实党中央、国务院决策部署及部党组指示要求，在中心党委的领导下，始终聚焦保障部机关高效运行主责主业，充分发挥党建引领作用和党支部战斗堡垒作用，围绕思想建设、队伍建设和服务能力建设等方面找准党建和业务的融合点，为各项工作的顺利开展和保障机关高效运行提供坚强有力的思想基础和组织保证。

二、主要做法

（一）坚持"三抓好"不动摇，不断提高政治站位

一是抓好思想理论武装。坚持深入学习贯彻习近平新时代中国特色社会主义思想和习近平总书记系列重要讲话精神，深刻领悟"两个

新时代交通运输部系统党支部建设典型案例

确立"的决定性意义，增强"四个意识"、坚定"四个自信"、做到"两个维护"。

二是抓好组织生活制度落实。认真落实"三会一课"制度，以互助交流学、专题研讨学等方式，完善学习制度，筑牢思想理论根基。

三是抓好以上率下引领作用。严格落实处室（单位）负责人"一岗双责"制度，各处室（单位）主要负责同志"主动学、带头学"，辐射和带动全体党员干部进一步坚定理想信念，强化思想自觉。

（二）坚持"三创新"不停步，扎实筑牢战斗堡垒

一是因地制宜创新学习形式。采取个人自学、集体组学相结合的方式，充分利用"两微一端""学习强国""支部工作"APP等平台，组织支部党员和青年理论学习小组成员，采取不同学习形式深入学习相关内容。

二是与时俱进创新交流内容。充分结合时事、联系实际开展研讨交流，例如在毛泽东逝世45周年纪念日组织党员在支部微信群中以"诗词接龙"的形式交流学习毛泽东诗词等，增强学习的感染力，提高党员学习的积极性，提升学习效果。

三是量体裁衣创新研讨机制。建立微信群"学习打卡"机制，鼓励支部每位党员主动学习理论知识，每周在群内打卡，并分享学习体会。

（三）坚持"三结合"不松劲，促进党建与业务深度融合

一是促进党建工作与主责主业相结合。坚持将党建工作和业务工作同计划、同部署、同推进，找准党建和业务的结合点，充分发挥党支部在业务工作中的政治引领、督促落实、监督保障作用，推动党员

立足本职、担当尽责，更好发挥先锋模范作用。

二是促进党建工作与"办实事"相结合。深入开展"我为群众办实事"活动，扎实做好定点帮扶助力服务乡村振兴、用心用情精准施策帮助企业纾困解难。

三是促进党建工作与常态化疫情防控相结合。深入学习贯彻习近平总书记关于疫情防控的重要指示批示精神，扎实落实部联防联控机制和中心党委部署要求，始终保持高度重视、高度警醒、高度负责，先后起草印发167期疫情防控专题会议纪要，坚持疫情防控排查"零报告"制度，支部党员带头自觉落实不聚餐、不聚集等防控要求，最大程度上降低疫情传播风险。

三、工作启示

（一）强化理论武装，建设学习型党支部

持续不断抓好支部党员政治理论学习是建设学习型党支部的关键。深入学习习近平新时代中国特色社会主义思想特别是习近平总书记关于交通运输工作重要论述和对机关事务工作重要指示精神，不断丰富学习内容、拓宽学习范围、创新学习方法，增强学习的吸引力和感染力，让党员学出忠诚信仰、学出使命担当、学出本领素质，推动学习贯彻习近平新时代中国特色社会主义思想走深走实。

（二）聚焦主责主业，创建服务型党支部

聚焦保障机关高效运行主责主业是创建服务型党支部的关键。高效服务中心内部运行、扎实做好资产经营管理、统筹办公用房管理、持续提高人防绿化管理水平，从基础做起、从小事做起，为部机关高

效运行提供坚实的后勤保障，不断提高更好服务部党组中心工作，更好服务国家治理体系和治理能力现代化的能力和水平。

（三）激发创造活力，打造创新型党支部

激发党支部成员的创造活力，是打造创新型党支部的关键。坚持以创新为引领，在紧贴实际和遵循规律中创新、在抓住问题和解决问题中创新、在解放思想和更新观念中创新，建设富有活力、团结协作的党支部，发挥好党员先锋模范作用和基层党组织战斗堡垒作用。

建设"四桨五翼"模范党支部
实现党建与业务工作深度融合

交通运输部救助打捞局飞行管理处党支部

一、案例背景

中国救捞是国家海上专业救助打捞队伍,是国家应急保障体系的重要组成部分,是国防交通战备的重要力量,被誉为党和国家的"海上德政工程"。交通运输部救助打捞局飞行管理处支部现有党员8名。作为救捞重要业务处室党支部,飞行管理处党支部认真学习宣传贯彻习近平新时代中国特色社会主义思想,坚持以党的政治建设为统领,以"让党中央放心、让人民群众满意"为目标;以"模范机关建设"和"支部标准化建设"为抓手,打造特色支部党建品牌;以"一理念二系统三底线"为纲,彰显救助直升机4片尾桨叶、5片主旋翼行业特色,积极探索建设"四桨五翼"模范党支部,坚持"围绕中心抓党建、抓好党建促发展",实现了党建工作与业务工作齐抓并重、深度融合。

二、主要做法

(一)抓住一二三,纲举目张

一是践行一个理念。积极践行"以人民为中心"的发展理念,忠

> 新时代交通运输部系统党支部建设典型案例

诚履行海上人命财产环境救助职责。

二是融合两个系统。大力推动支部党建工作系统和处室业务工作系统深度融合。通过增强党建内生动力,带动业务工作高质量发展;通过业务工作实践效果,检验党建工作成果。

三是坚守三条底线。坚守政治底线,做到党中央提倡的坚决响应、党中央决定的坚决执行、党中央禁止的坚决不做;坚守廉洁底线,严格遵守党章党纪党规和国家法律,落实中央八项规定及其实施细则精神,强化纪律意识、规矩意识,坚决不碰红线;坚守安全底线,牢记"三个决不能过高估计",加大海上救助飞行安全治理力度,筑牢安全防线,确保安全形势长期持续稳定。

(二) 四桨齐推进,精准施策

一是牢牢把握支部党建工作系统中"讲政治、守纪律、负责任、有效率"四个"定向桨"。讲政治明确根本遵循,坚持思想建党、理论强党,持续抓好政治理论学习,系统学习习近平新时代中国特色社会主义思想及习近平总书记系列重要讲话精神,引导党员干部深刻领悟"两个确立"的决定性意义,增强"四个意识"、坚定"四个自信"、做到"两个维护";守纪律提供重要保证,常态化开展警示教育,强化日常教育管理监督,深入纠治各类老问题及其新表现;负责任指出关键所在,增强支部组织力和制度执行力,充分发挥党员先锋引领作用,切实做到恪尽职守;有效率实现最终目的,推进科技创新,优化工作流程,利用智慧平台,实现工作思路、载体、方法新突破。

二是牢牢把握处室业务工作系统中"飞行、救生、机务、航务"四个"动力桨"。抓飞行技术,提高调查研究实效,坚持实事求是,

建设"四桨五翼"模范党支部 实现党建与业务工作深度融合

深入基层一线,全面提高决策科学性;抓救生管理,提高运用法治思维和法治方式深化改革能力,完善专业规范标准体系,健全完善监管机制;抓机务维修,不断提高精细化管理水平,大力推进基层、基础、基本功建设;抓航务运控,以人民满意、基层满意为标准,强化服务意识,有效解决群众和基层反映的热点、难点问题。

(三)五翼同施展,贯穿始终

一是弘扬"旋翼精神"。发挥党员干部模范带头作用,以身作则,当好"三个表率",团结带动身边群众顽强拼搏、共同进步。

二是弘扬"驾驶杆精神"。发挥机关承上启下的桥梁纽带作用,准确、及时、无误地上传下达,确保理解到位、分解准确、解释充分、反馈及时,保证政令畅通,做到令行禁止。

三是弘扬"吊钩精神"。做事持之以恒、坚持不懈、钩住不放,干事创业有冲劲、韧劲和斗劲。

四是弘扬"螺丝钉精神"。把个人融入党和人民的事业中去,个人服从整体、服从组织,忠于职守,兢兢业业,干一行爱一行专一行,全心全意为人民服务。

五是弘扬"话筒精神"。自觉做党的路线方针政策的宣传员和传播者,将上级决策部署传播到基层一线去,宣贯到职工群众中去。

三、工作启示

(一)思想融合是根本

深入学习领会习近平新时代中国特色社会主义思想,践行"以人民为中心"的发展理念,全心全意为人民服务是党建和业务工作共同的政治引领。

（二）作风融合是保障

加强制度建设、坚决反对"四风"、深入开展调研和密切联系群众是党建和业务工作的共同要求。

（三）能力融合是关键

党员干部既要学习党的理论也要掌握业务知识，既要掌握好马克思主义基本原理也要运用好马克思主义方法论。

（四）行动融合是目标

在党建系统中不断强化政治性、提升仪式感，增强创造力凝聚力战斗力，在业务系统中注重团队配合，发挥党员先锋模范作用，确保业务工作顺利完成。

（五）创新融合是驱动

将救助直升机4片尾桨叶、5片主旋翼的特色形象与党建工作和业务工作中的关键点相融合，既开拓思路丰富内涵又直观形象鲜活生动。

以"磐石精神"为抓手
促进党建与业务实现"双轮驱动"

中国船级社国内营运船舶业务处党支部

一、案例背景

中国船级社国内营运船舶业务处承担着国内营运船舶的检验管理工作,现有党员8人,其中40岁以下青年党员5人。支部始终坚持"围绕中心工作抓党建,以党建促业务发展"的工作思路,扎实推进模范机关建设和"三基"建设,积极打造"磐石精神"特色党建品牌,创新推行"1+X"工作法,"1"代表磐石精神,"X"表示在精神力量引领下的具体实践,以助推国内船舶安全和高质量发展为导向,不断提高支部的组织力、凝聚力和战斗力,促进党建与业务实现"双轮驱动"。

二、主要做法

(一)做到"1+三学",确保理想信念坚如磐石

将学习作为党支部的基础性工程抓紧抓实,以党史学习教育为主线,以理论学习为先导,以本领学习为支撑,推进党支部学习教育常态化长效化。

一是学党史,筑牢信念之基。围绕学史明理、学史增信、学史崇德、学史力行,在做好规定动作的同时,积极组织开展"参观红色教

育基地""重温入党誓词"等自选动作，教育引导党员干部在奋发有为中砥砺政治品格、在知行合一中践行初心使命。

二是学理论，把稳思想之舵。以"三会一课"为载体，将习近平新时代中国特色社会主义思想及习近平总书记重要讲话精神作为首要学习内容，深入学习领会习近平经济思想以及习近平总书记关于交通运输工作的重要指示精神，通过交流分享学习体会等形式进一步强化理论武装、坚定理想信念，不断提高政治判断力、政治领悟力、政治执行力。

三是学本领，丰富力量之源。联合相关单位共同开展"双青共建"技术帮扶，深刻学习领会"两路"精神、西路军精神和"两弹一星"精神，带动青海地方船检人员提高业务能力的同时提升了支部党员的服务意识和担当精神，为打造人员精干、能打硬仗的国内船舶检验管理团队打下基础。

★ 2022年4月支部开展"学习习近平经济思想"主题党日

以"磐石精神"为抓手 促进党建与业务实现"双轮驱动"

(二) 做到"1+三化",确保基础管理稳如磐石

一是抓组织建设标准化,健全组织架构。坚持党建引领,强化政治机关建设,以健全优化组织设置为着力点,按照规范、务实、管用原则,做到应建尽建、设置规范、运行高效、调整及时。支部选举产生了3名党性强、素质高、情况熟、作风硬的支部委员,推动党建与业务工作的一体谋划、一体落实。

二是抓组织生活规范化,提升组织活力。逐条对标《中国共产党支部工作条例(试行)》及《中国船级社党支部工作标准化规范化建设规范》等制度性文件,严肃认真开展组织生活,党建责任落地见效。

三是抓党建业务融合化,破解"两张皮"问题。主动服务国家区域协调发展战略,积极承担社会责任,带动国内业务线完成近3万艘、4000余万总吨国内航行船队安全质量和环境保护工作;积极配合国内船检体制改革,确保海事划转船舶检验工作平稳提升;加强理论研究,针对服务海南自由贸易试验港建设等四个主题开展专题调研,调研成果共计10余万字,为打造船队稳定、质量优良的国内航行船舶队伍打下基础。

(三) 做到"1+三维",确保业务发展安如磐石

一是坚持"点"上发力,做好专项工作。组织国内业务线扎实开展安全生产三年行动,落实部安全生产要求,组织开展涉客船舶安全质量强化行动,牵头推进安全大检查工作,持续推动国内船舶检验安全和高质量发展,构建安全质量和环境保护双防线。

二是坚持"线"上突破,落实安全发展理念。立足工作实际研究制定"磐石精神"品牌建设和推广方案,指导和带动国内业务线切实做好国内船舶检验业务工作。以国内船舶入级作为安全和高质量发展的有力抓手，大力推进国内船舶入级。统筹发展和安全，加强转入船舶和进口船舶检验质量控制，确保水上安全形势持续稳定。

三是坚持"面"上拓展，统筹疫情防控和服务经济社会发展。认真贯彻落实党中央提出的"疫情要防住、经济要稳住、发展要安全"战略部署，支部党员带头坚守岗位，支持企业复工复产，不断创新工作方式方法，确保国内营运船舶检验服务不间断。新冠肺炎疫情暴发初期，支部党员积极承担，为武汉市人民政府租用长江游轮用于援汉医疗队住宿服务点做好组织协调、技术支持以及与部相关司局的沟通报告工作；疫情常态化防控阶段，支部深化"我为群众办实事"成果应用，规范开展国内航行船舶远程检验工作，保障国内营运船舶检验需要，扎实做好跨省航行客船复工复产安全保障和技术服务，全力做好保通保畅工作。

三、工作启示

一是聚焦政治功能抓理论武装。始终将政治建设放在支部各项建设首位，建立学习贯彻习近平新时代中国特色社会主义思想常态机制，采取支部党员自学、轮流带学、同其他党支部联学等方式，确保学深悟透，增强行动自觉性。

二是着眼履职能力抓支部建设。围绕打造"四强"党支部工作目标，提升履职能力，促进作用发挥。

三是围绕促进业务抓作用发挥。充分发挥党建引领作用，注重党建与业务工作"两结合、两促进"，推动党建工作成效转化为业务工作成果。

以"四学法"+"四平台"为抓手推动党建与中心工作相互牵引、深度融合

交通运输部规划研究院城市交通物流所党支部

一、案例背景

交通运输部规划研究院城市交通物流所承担着我国交通物流战略规划与政策研究工作,党支部现有党员22人,下设3个党小组。近年来,支部以党建工作为统领,以党建促业务、以业务检党建,结合自身工作性质和特点,探索形成了以"四学法"+"四平台"为抓手的工作方法,为党建与中心工作融合发展提供有力支撑。

二、主要做法

(一)以"四学法"为基础,推动党的理论内化于心

一是强化党员自学。深入学习习近平同志《论中国共产党历史》《中国共产党简史》《习近平新时代中国特色社会主义思想学习问答》《中国共产党历史通览》等学习材料,将党的理论、制度、思想入心入脑,作为指导中心工作的根本遵循。

二是开展党课讲学。由支部书记等党员同志领学中国共产党人精

新时代交通运输部系统党支部建设典型案例

神谱系、中国多党合作制度、长征历史、党员权利保障条例等重大历史事件和党规党纪,增强用党的创新理论武装自己的政治自觉,确保在工作中讲政治、守规矩、有底线、善作为。

三是组织集体研学。认真落实"第一议题"制度,组织全体党员学习领会习近平新时代中国特色社会主义思想及习近平总书记重要讲话精神,及时跟进、有效传达、深入理解习近平总书记最新重要指示批示精神,为开展工作把准脉搏、指明方向。

四是推动活动践学。组织党员观看红色电影《悬崖之上》、集体参观白乙化烈士纪念馆、观看神舟十二号发射直播等一系列丰富多彩的实践活动,开展赴中国雄安集团、江西安远县、四川壤塘县、京东物流集团等实地调研,为安远县提供农村智运物流规划、为壤塘县提供城乡交通一体化方案编制技术支持,在实践中交流体会,用业务实效检验学习成果、增强理想信念。

(二)以"四平台"为载体,推动业务落实外化于行

一是打造党建品牌平台。结合支部发展特点,打造支部"NEW"党建品牌平台,将"营养(N)、延伸(E)、智慧(W)"作为开展中心工作的精神指引和价值主张,在为部和行业服务中吸收新思想、新理论的营养,不断将党建与业务相互延伸,探索智慧化发展的新技术新方法,打造高端专业智库,将党建品牌作为凝聚人心的平台,推动城交物流业务发展持续开新局、上台阶。

二是打造项目攻坚平台。以党员为骨干,发挥党员同志模范带头、勇挑重担作用,打造了《综合运输服务"十四五"发展规划》《城乡交通运输一体化发展战略政策研究》《城市交通碳达峰模型研究》等

以"四学法"+"四平台"为抓手
推动党建与中心工作相互牵引、深度融合

一批党员品牌攻坚项目,激发党员敢于啃硬骨头、敢于涉险滩、敢于大胆创新的精神,全力以赴做好为部服务和科研攻坚。

三是打造党员交流平台。通过党员集体过"政治生日"和"城交物语"读书分享等活动,促进不同年龄、不同专业、不同学历、不同经历的党员同志相互学习交流,集体回顾入党历程和分享精神理念,激励党员不忘初心、牢记使命、永葆本色,在工作岗位上不断砥砺奋进。

★ 党支部开展党员品牌攻坚项目活动

四是打造人才培养平台。以所月度会为基础,将党建、所务、团建工作同步部署,协同推进各项工作。实施项目多环节讨论制度,针对重大项目痛点、难点、堵点深入讨论。组织开展技术交流会,交流运输服务、联程运输、城市出行等领域工作成果。执行指导工程师制

度，结合"理论型、学习型、实践型、健康型"青年理论学习小组建设，加快培养青年同志成长。

三、工作启示

抓好"四学法"，用好"四平台"，是持续扩大党支部战斗堡垒作用的重要途径。党建与中心工作相互牵引、相辅相成，做好党建工作不仅提升了基层党组织的凝聚力、战斗力、生命力，为支部聚人心、干实事、强科研、谋发展提供了源源不断的精神动力，也为支部承担重大战略规划、科研课题提供了强有力的组织保障，为党员同志在工作岗位上持续发挥先锋模范作用提供了重要平台。以"四学法"+"四平台"为抓手，有效促进党建与中心工作的深度融合，为推动我国城市交通、现代物流高质量发展增添强大动力。

坚持"一个统领" 强化"三种意识" 提高"七种能力" 促进"两个融合" 筑牢基层战斗堡垒

交通运输部科学研究院
城市交通与轨道交通研究中心党支部

一、案例背景

交通运输部科学研究院城市交通与轨道交通研究中心党支部共32名党员，主要承担城市交通与轨道交通智库研究工作。近年来，党支部认真学习贯彻习近平新时代中国特色社会主义思想，以作好"三个表率"、建设"四强"党支部和"模范机关"为目标，积极探索实践，形成"1372"支部工作法，为推动城市交通科研工作提供了坚强政治保证。

二、主要做法

（一）坚持"一个统领"，坚守政治灵魂

一是坚定信仰、对党忠诚。强化理论武装，党支部书记、支部委员带头加强政治理论学习，做到早学一步、多学一次、深学一层；充分利用"三会一课"，建立党支部和各党小组理论学习台账，利用好

新时代交通运输部系统党支部建设典型案例

"支部工作"APP、"学习强国"学习平台、共产党员网等,建立"支部联学+集体共学+小组同学+个人自学"相结合的理论学习模式。坚持读原著、学原文、悟原理,通过"精读原著、知识竞赛、演讲比赛"等活动,让理论学习更加鲜活、更有吸引力、更多人愿意参与。

二是尽责担当、攻坚克难。坚持问题导向,组织生活会中实事求是查摆存在的问题,真正把自己摆进去、把职责摆进去、把工作摆进去,将政治理论学习成效转化为尽责担当、攻坚克难的实际行动。发挥行业智库作用,锻炼人才队伍,强化中心科研成果对行业发展的支撑作用,针对性地开展城市交通碳达峰碳中和、绿色出行、城市群都市圈交通一体化发展、城市轨道交通高质量发展、城市出行新业态、适老化出行、智慧出行等方向的前瞻性研究,积极申报国家重点研发计划项目,谋划建设一批创新团队,培育一批行业有影响力的青年科技专家队伍,为我国城市交通高质量发展提供有力的技术支撑。

三是树立品牌、创新载体。推动支部规范化标准化建设,充分利用"党建在线一张表"开展支部党建工作,将党员动态管理、党小组和青年理论学习小组活动、宣传、培训等纳入一套表管理。提升支部组织力,在各研究室设立党小组、青年理论学习小组,针对部分研究室出差较多的特点,探索设立临时党小组,实现支部党建工作研究室、项目组"两个全覆盖",确保所有党员定期参与组织生活,保障党建活动质量。

(二)强化"三个意识",永葆政治本色

一是强化党建主体意识,加强政治历练。实施年度党建工作计划管理,树立党建业务"一盘棋"理念,科学制定支部党建目标和任务。落实党建责任制,明确支部书记第一责任人职责,严格落实"一坚持"一个统领" 强化"三种意识"
提高"七种能力" 促进"两个融合" 筑牢基层战斗堡垒

岗双责",做到"书记抓,抓书记"。探索建立强化支部党建常态化工作机制,量化制定党建工作责任清单,落实支部委员、党小组组长、青年理论学习小组组长、支部秘书工作分工,做到人人头上有任务、个个肩上有担子,确保不留空白和盲点,将从严治党的要求落实到每个领域、每个环节。

二是强化党员身份意识,压实信仰教育。除严格落实"三会一课"等制度外,支部积极打造集体过"政治生日"、党员承诺践诺等特色活动,定期组织党员同志在"入党纪念日"讲述"我的入党故事",回顾入党初心,重温入党誓词,不忘初心、牢记使命。以党史学习教育"我为群众办实事"实践活动为载体,结合交通运输贴近民生实事、运输领域"我为群众办实事"等重点为部服务工作,通过公开征集、讨论比选等,明确各党小组党员承诺践诺内容,并张贴在党员工位。为落实党章关于加强党员教育管理、深化党内教育的重要实践要求,结合为部服务急难险重任务,成立由党员骨干组成的攻关小组,组建临时"党员突击队",教育党员自觉多担当、多吃苦、多奉献,切实发挥党员的先锋模范作用和基层党组织的战斗堡垒作用。

三是强化学懂弄通做实意识,提升政治素养。通过以讲促学、以赛促学等,进一步强化党员同志的学懂、弄通、做实意识。除支部书记、支部委员讲党课活动外,要求支部党员每人都选择一定的理论学习主题,深入研习,开展讲党课活动,"以讲促学";通过组织开展多样化的理论学习知识竞赛,检验支部党员理论学习效果,提升常态化理论学习的成效;针对支部年轻干部多、干劲足,但在繁忙的工作状态下,完整系统学习时间较少的特点,开展"三必讲"(参加学术会议归来、出国交流归来、项目结题之后必做专题讲座），提升理论指导实践成效。

(三) 提高"七种能力"，强化政治锻炼

一是提高政治能力。建立支部书记抓学习的领导机制，支部委员重点抓，党小组长协同抓，人人参与学，做到融合互促，建立长效机制。加强理论实践，在城市交通为部服务工作中不断强化干部队伍政治素质，提升把握大方向、掌握大局的能力。

二是提高调查研究能力。进一步强化学以致用能力，在城市交通为部服务和行业咨询服务工作中，支部委员带头扎到基层一线，在研究重大政策、开展重大项目、涉及民生的重点工作部署落实过程中，做到充分调研了解一线情况，既挂帅、又出征。

三是提高科学决策能力。支部自觉同党的基本理论、基本路线、基本方略，党中央及部党组决策部署对标对表，把准政治方向，不断提高政治站位，强化支部党建工作计划统筹和推进落地。持续建立完善支部"三重一大"议事规则，第一时间传达学习党中央及部党组决策部署，学习领会院党委部署要求，第一时间推动贯彻落实，在坚决贯彻落实党中央各项决策部署上作表率。加强基础性、前瞻性研究储备，全方位做好为部服务工作，充分发挥城市交通智库作用。

四是提高改革攻坚能力。围绕四个院级"创新团队"，滚动制定三年计划，强化对院"十四五"规划和交通强国试点任务的落实。坚持成果导向，聚焦基础性、前沿性问题，不断完善各创新团队业务链条，谋划长远发展；及时跟踪城市客运行业最新动态，为部做好技术支撑；支部支持撰写内参文章，为部建言献策；支部支持青年骨干借调和挂职锻炼，为年轻干部成长提供平台。

五是提高应急处突能力。支部认真落实意识形态工作责任制，抓好中心行业科研平台宣传、整体把握中心举办或参与的研讨会等。把好科研质量安全关，建立三级质量管理体系和重点科研项目清单，建立一套表动态管理制度，不断提升研究室科研管理规范化水平。

六是提高群众工作能力。增强党的向心力，加强支部队伍建设，增强支部吸引力，择优发展党员，培养入党积极分子，号召先进群众向党组织靠拢。抓好群团统战工作，加强团组织建设和发展，及时掌握职工思想动态，强化队伍稳定。不断提升青年理论学习小组活动的政治性、时代性，用青年职工喜闻乐见的形式来推进理论学习。支持工会小组工作，积极配合工会各项活动，发挥工会小组暖心作用。

七是提高抓落实能力。围绕院"十四五"规划和交通强国试点目标，细化制订中心实施方案，签订责任书。坚持一张蓝图干到底，围绕中心"十四五"规划和创新团队三年计划，完善绩效考核机制，落实到各研究室工作任务中。帮助职工制定职业生涯发展规划，提升每位同志抓落实能力。引导党员干部爱岗敬业、争先创优，在担当有为上争当模范。大力培育选树优秀共产党员、优秀党务工作者，营造学习先进、崇尚先进、争当先进的良好氛围。

(四) 做到"两个融合"，加强政治引领

一是党建与业务融合，突出研究机构定位。以"建设国内一流、国际知名的城市交通智库,为建设交通强国而努力奋斗"为出发点和落脚点,围绕院、中心"十四五"发展目标以及交通强国试点任务分解等,与支部重点工作相结合,将创新团队人才培养、学科建设与支部队伍建设、宣传工作相结合,做到思想同心、目标同向、行动同步。

二是党务与服务融合,筑牢战斗堡垒定位。加强中心处级领导干部、党务干部培训,支部书记和支部委员以身作则,强化服务意识、服务宗旨,杜绝形式主义、官僚主义。把支部建设成为群众和民主党派的"主心骨",广泛倾听群众和民主党派意见和建议,将民意诉求落实到支部建设和中心的各项工作中去。延伸党建工作触角,积极参与绿色出行宣传月、讲好节能故事等活动,组织发动党员干部、青年职工积极参与社会志愿服务,深入地方行业企业开展新冠肺炎疫情常态化下对行业发展的影响等专题调研,为持续推进我国城市交通高质量发展和夺取交通强国建设胜利贡献支部力量。

三、工作启示

(一)坚持政治统领是根本

要坚决把思想和行动统一到党中央的决策部署上来,深刻领会加强党的政治建设的意义、目的、任务和要求,切实担负起基层党建主体责任。

(二)强化"三个意识"是基础

要创新工作模式,强化党建主体意识、党员身份意识、学懂弄通做实意识,持续锻造坚强战斗堡垒。

（三）提升"七种能力"是关键

要积极提高党员同志的政治能力、调查研究能力、科学决策能力、改革攻坚能力、应急处突能力、群众工作能力和抓落实能力，持续发挥党员的先锋模范作用。

（四）做到"两个融合"是保障

要不断推动党建与业务融合、党务与服务融合，把支部建设做实落细，不搞"两张皮"，不做"花架子"，确保党建取得实实在在的工作成效。

突出党建引领　当好开路先锋

交通运输部水运科学研究院
船舶运输技术研究中心党支部

一、案例背景

交通运输部水运科学研究院船舶运输技术研究中心党支部作为部领导支部工作联系点，认真贯彻落实部党组决策部署和水运院党委各项要求，把学习领会、贯彻落实习近平总书记系列重要讲话精神作为核心内容，把精心策划、扎实开展历次主题教育活动作为强基平台，坚持党建科研相融相通、同向同行，努力把学习教育成果转化为科技创新、转型发展的实际行动，以"科技智库"服务加快建设交通强国，奋进新征程，建功新时代，奋力走好新的赶考之路。

二、主要做法

（一）坚持政治引领，注重学思践悟

2021年9月2日，部领导参加交通运输部水运科学研究院调研座谈并出席船舶运输技术研究中心党支部"学习伟大建党精神 引领科技创新发展"主题党日活动，强调把党史学习教育作为重中之重，融入日常，抓在经常，确保学得深、学得实、学得活、学得好。为深入落实指示要求，院党委高度重视、系统谋划、群策群力、压茬

突出党建引领　当好开路先锋

推进，院党史学习教育领导小组第一时间召开专题会议研究部署有关工作，船舶中心党支部研究制定《进一步深化落实党史学习教育实施方案》，聚焦"四学"要求，扎实服务"政治建院、科研立院、人才强院、改革兴院"建设，为水运院推行特色基层党支部建设当好先行。

★ 坚持政治引领，强化理论学习，注重学思践悟

一是学党史，"回头看、观照学"领悟真理力量。着力与党史学习教育相结合，研学经典党史书籍和优秀党史资料，反复看、螺旋学，从党的百年非凡历程中汲取营养，在学习领悟中把握历史规律，在奋发有为中汲取历史智慧。

二是悟思想，"勤思考、多研讨"筑牢信仰之基。着力与"三会一课"相结合，在党员活动室播放党的重大事件、重要会议、重要人

> 新时代交通运输部系统党支部建设典型案例

物的纪录片，教育引导青年党员干部练好内功、提升修养，厚植爱党爱国爱社会主义的真挚情怀，努力成为可堪大用、能担重任的栋梁之材。

三是办实事，"身躬行、为人民"传承红色基因。着力与船舶中心科技攻关相结合，聚焦行业发展"重点难点"和人民群众"急难愁盼"，加强"我为群众办实事"实践活动调研，满足人民群众日益增长的绿色出行、美好出行需要。

四是开新局，"铸根基、谋发展"砥砺初心使命。着力与科研转化相结合，围绕推动内河航运绿色低碳新发展、船舶标准化开创新局面，在锤炼党性中提升实干精神，在改革发展中夯实中心工作，在守正创新中把各项事业推向前进。

（二）强化组织建设，深耕政治生态

在部党组、水运院党委的坚强领导下，做好规定动作、做精自选动作、做优创新动作，努力把组织优势转化为科研优势，以科研优势反哺巩固政治优势，不断完善党建长效机制，确保实施方案见行见效。

一是创设"1234"组织机制建设法。支部不断加强制度化、规范化、标准化的党员组织生活建设，提出了"一支部、两小组、三领导、四组长"的"1234"组织机制建设法，以及科研导向的管理制度，实现了讲政治、聚人心、强业务的高度统一。

二是坚持"3"统筹、"4"融合发展理念。支部牢牢把握"党建、科研、文化"统筹协调的工作初心，加强政治建设与思想学习融合，加强政治站位与科研工作融合，加强支部建设与青年培养融合，加强政治生态与文化建设融合，夯实政治基石，筑牢思想建设，融合科研发展，深耕文化生态，确保知行合一。

三是推出"人人讲党课 月月讲党课"标准化党日活动。支部充分发挥党员队伍年轻化特色，让青年党员"站出来"，把理论学习成果、最新科研成果、业务调研成果"讲出来"，切实以党史学习教育成果指导实践，推进政治思想水平和科研工作能力同进步，同时向院内其他中心输送优秀科研人才，向部内司局输送优秀挂职干部，推动年轻干部成长成才。

（三）突出学史力行，盘活科研生机

船舶中心党支部针对"咨询项目多，科技项目少"的业务格局与发展压力，以庆祝中国共产党成立100周年为契机，将贯彻落实学史明理、学史增信、学史崇德、学史力行的总体要求与支部党的建设、业务工作、事业发展深度融合，不断推动党史学习教育成果转化为科技创新转型发展的实际成效。

一是夯实科研发展根基，打造科技智库。通过学习，支部更加清晰认识到"科研"是中心发展的根，牢记中心是水运院"船舶装备"领域独苗，支部牢记为部服务、为行业服务的主要责任担当，积极践履水运科研服务行业发展的初心使命。长期为部提供内河水运绿色智能发展、水运行业应用新能源清洁能源、内河船舶标准化、水上旅游客运高质量发展等方面的技术支撑，积极发挥水运高端智库作用，积极提交智库建言，参与标准制定，推动政策研究与落地。

二是推进业务结构调整，实现转型发展。支部面对交通强国建

设的科技需求和科研单位市场化改革压力，统筹"小"团队与"大"科研，谋定而后动，既做好交通运输领域技术支撑服务工作，主动对接工业和信息化部、国家发展和改革委员会相关部门，又与船舶工业领域科研院所建立了良好合作关系，共谋船舶装备与船舶运输发展，搭建产业链上下游科技桥梁。2019年以来，牵头承担或参研工业和信息化部、科学技术部重大科技项目4项，成功实现了以纵向重大科技项目为主的业务结构转型，党的十八大以来共获得"中国航海学会科技进步奖"9项，为船舶运输行业高质量发展提供扎实技术支撑。

三是形成党建科研合力，获得褒扬肯定。支部按照"四学四强"党支部品牌建设目标要求，坚决树立旗帜鲜明讲政治的工作导向，坚定党员信仰提升政治引领力，坚实培育谋发展干实事的价值取向，根植于交通运输系统，务实于船舶运输领域，扎扎实实做党建，兢兢业业搞研究，全力以赴向"党建为魂、科研为本、创新为源、实干为要"的国内一流船舶运输技术研究团队目标迈进。支部在2019—2021年连续3年被评选为"交通运输部水运科学研究院先进基层党组织"，2021年荣获"交通运输部系统先进基层党组织"，2022年被授予"交通运输部系统建设模范机关先进集体"。

三、工作启示

支部建设没有终点，加强党性修养永远在路上。高质量的党建工作将为业务工作提供坚强的政治保障和源源不断的奋进力量，也能更有力地促进高水平的科研自立自强。船舶中心党支部将更加紧密地团

突出党建引领　当好开路先锋

结在以习近平同志为核心的党中央周围，以更高水平加强党员干部队伍建设，以更高质量推动行业提质增效发展，以更高标准强化为部服务中心工作，以更高要求强化服务"科研立院"的初心使命，用心用情用力满足人民群众美好出行"心"需求与"新"向往，全力以赴为加快建设交通强国、努力当好中国现代化的开路先锋提供坚强战斗堡垒，以实际行动践行党的二十大精神。

探索党建业务 "三合一" 新模式
助力海事服务扬帆远航

交通运输部水运科学研究院

中国海事服务中心党支部

一、案例背景

党建与业务犹如古田会议所阐明的政治与军事：军事是实现政治的手段；同时，脱离业务的党建必将"空转"。在实际工作中，避免党建与业务"两张皮"的现象仍是基层党组织建设中需要攻克的重要课题。为进一步贯彻落实好习近平总书记的重要指示批示精神，交通运输部水运科学研究院党委提出"以党建高质量发展推动科研高水平自强为主线，实施党建业务融合工程"的工作部署。中国海事服务中心党支部作为水运院基层党组织的代表，也是 2019 年新改建的年轻组织，经过几年的探索和实践，逐步摸索出了党建与业务相联合、相结合、相融合的"三合一"模式，并通过行之有效的制度机制固化下来，形成了相融并促、比翼齐飞的良好格局，为中心高质量发展构筑了坚强堡垒。

二、主要做法

融合是将不同的事物合成一体，是较高境界的模式。要实现深层

探索党建业务"三合一"新模式　助力海事服务扬帆远航

次融合,首先必须做到形式和机制层面的联合、结合;如果连联合、结合都没做到,融合是不可能实现的。因此,中国海事服务中心党支部在工作实践中,坚持党建和业务做到"相联合、相结合、相融合"三位一体,自外而内、层层递进。

(一)在"联合"方面,严格落实党政联席会议机制,加强党对业务工作的领导作用

政治引领既是党百年奋斗的重要经验,也是党治国理政的重要特色,更是基层党组织要坚持的重要工作方式。

一是充分发挥党支部的政治核心作用。通过党政联席会议,充分发挥党建为业务举旗定向的作用,确保中心的重点工作与党中央、部党组和院党委的各项决策部署紧密联系在一起,做到政治正确、方向不偏、节奏不乱。

二是有力监督中心业务的发展方向。《中国共产党支部工作条例(试行)》明确,事业单位党支部的重点任务是:"保证监督改革发展正确方向,参与重要决策,服务人才成长,促进事业发展。"对中心发展的重大问题,特别是在发展战略与规划制订、干部选拔任用和人才推荐、重要制度建设等方面,中心领导班子、支委召开联席会议集体研究,结合各自职责,充分发表意见,高度统一思想,有效监督了中心的改革发展方向。

(二)在"结合"方面,始终坚持统筹一体推进,有效避免党建工作"虚化""弱化"

把"三会一课"、主题党日活动、组织生活会等党建工作载体与业务工作紧密结合。

新时代交通运输部系统党支部建设典型案例

一是坚持周例会与支委会同步召开。始终做到党建与业务的重要问题一起说、一块办。党支部实时掌握业务工作的情况、进度、重点、难点，并研究找准党建工作的切入点、着力点，既解决思想问题，也推动督促落实。

二是持续推行"学习周报"和"一周微党课"活动。每周由1名党员领学一周的国家大事、习近平总书记重要讲话等，并就相关主题讲15分钟的微党课，把政治理论学习抓在平时，学习范围扩展到全体班子成员和中层干部，党课内容紧紧围绕业务重点，要求大家讲清楚中央在强调什么、我们应该怎么办。

三是做到"四个一同"。年度计划、月度计划、周计划均把党建与业务工作同部署、同落实、同督查、同考核，实现党建与业务工作同频共振、同向聚合，从根源上杜绝各弹各的曲，各唱各的调。

（三）在"融合"方面，研究推出两项长效机制，充分发挥支部战斗堡垒和党员先锋模范作用

对照党员干部"争当表率、争做示范、走在前列"的要求，积极引导支部党员牢记初心使命、坚定责任担当。

一是实施"党员先锋攻关承诺制"。每年初，围绕中心发展的最关键工作组建党员先锋队，成员以3~5名党员为主，"向党组织承诺"并背书签字。2020年新冠肺炎疫情突发，先锋队仅用三个月时间就完成了全国首个船员在线考试系统研发，实现了让船员在家就能考试。2021年围绕"北方海员服务基地"新产业研究与实践开展承诺攻关，目前已进入落地见效关键阶段。

二是巩固拓展党史学习教育成果，建立"我为群众办实事"长效

探索党建业务"三合一"新模式　助力海事服务扬帆远航

机制。"我为群众办实事"是党的宗旨的实践体现，必须坚持常长二字。在党支部的牵头组织下，2021年中心提出的"船员幸福提升工程"纳入交通运输部党组党史学习教育"我为群众办实事"清单项目，一年来联合行业30余家单位开发了"i船员"微信公众号和全国船员公益法律咨询热线400-670-8858，紧扣船员"急难愁盼"，实现了免费在线学习、就业指导和法律咨询三项基础服务和九大功能，得到行业普遍赞誉。积极主动服务交通运输部2022年更贴近民生实事——推进水运口岸船员换班通关便利化，仅用两个月时间开发完成"全球船员换班政策查询平台"，汇集国内80余个港口、全球30余个国家主要港口船员换班和大使馆回国最新政策，便利行业第一时间了解政策和资讯。

★ 初步建成党建高质量发展管理体系，创造性地制订了党建标准化、品牌化两个方面21个程序

三、工作启示

高质量的党建工作是持续提升业务工作发展推动力的支点。通过推行党建与业务"三合一"融合模式，中国海事服务中心党支部理清了政治和业务的辩证关系，充分发挥好党建"围绕中心、建设队伍、服务群众"的重要职能，有效破解了党建业务"两张皮"的难题，支部战斗堡垒作用和党员先锋模范作用有了施展的阵地。作为一个年轻的党支部，几年来，带领中心紧紧围绕主责主业，聚焦行业服务，年均保障60余万人次、2万余场次的船员、注册验船师考试安全平稳，科研项目从无到有达到年均20项，科技创新奖励从无到有达到近10项，知识产权从无到有达到32项，为中心践行"用科技与爱服务船员、奉献海事"的使命，努力建设"中国船员之家、海事高端智库"，提供了强大的动力支撑，为水运院基层党组织"以点及面"持续推动实施"党建业务融合工程"作出表率。

坚持"三个三"支部工作法
服务智能交通事业发展

交通运输部公路科学研究院

智能交通研究中心党支部

一、案例背景

智能交通研究中心（以下简称"中心"）是交通运输部公路科学研究院的内设科研业务部门，从事智能交通领域的应用基础、前瞻性技术和公益性技术研究和产业化工作，是我国智能交通技术研究创新的先行者和产业化的主要推动力量。智能交通研究中心党支部（以下简称"支部"）党员人数占职工总数一半以上。为确保党员干部"学习有目标、办事有规矩、创新有能力"，支部不断总结经验，探索出以"三个同步""三种模式""三项工程"为核心内容的"三个三"支部工作法，努力实现党建与业务工作的深度融合，在推动业务发展过程中充分发挥基层党支部的战斗堡垒作用。

二、主要做法

（一）坚持"三个同步"，切实提升支部服务中心的组织力

坚持"支部建在连上"的组织设置理念，着力从内部管理上解决

新时代交通运输部系统党支部建设典型案例

党建和业务工作"两张皮"问题。

一是坚持党小组与业务团队设置同步。为加强党的组织工作,支部在业务团队同步设立党小组,实现了党组织对业务领域的全覆盖,真正做到了业务发展到哪里,党建工作就延伸到哪里。

二是坚持党建与业务发展同步。为推进业务工作,中心在科研一线设立了"党员先锋岗""党员示范岗",有力地保证了国家重点研发计划、国家自然科学基金、标准规范、交通强国建设试点任务、重大项目等工作的进度和质量。

三是坚持党建与业务考核同步。为充分发挥考核激励的"指挥棒"作用,中心考核业务团队年度绩效时,将党建考核与业务考核同步,赋予学习教育、作风建设等党建考核20%的权重比例,直接与团队绩效挂钩。

(二)推行"三种模式",切实提升支部建设队伍的凝聚力

坚持"抓党建是本职、不抓党建是失职"的工作理念,抓实抓细各项工作部署。

一是在学习教育方面,推行"领学+督学"模式。从严从实推进"三会一课",联系院领导、支部书记带头学带头讲,支部每季度、党小组每月领学1次。加强督导,推动党员轮流上台讲党课,从"要我学"变为"我要学",促进了学习教育入脑入心。

二是在作风建设方面,推行"剖析+谈心"模式。认真落实批评与自我批评,在广泛听取意见、深刻剖析问题上下功夫,既谈思想不足,也谈工作短板,见人见事见思想,把党员的心拢在一起。遇到岗位变动、薪酬调整等问题,准确掌握思想动态、及时开展谈心谈话,

坚持"三个三"支部工作法 服务智能交通事业发展

谈透道理、统一思想，使中心队伍人更稳、心更齐。

三是在服务群众方面，推行"关爱＋帮扶"模式。支部以"架起连心桥、服务暖人心"为宗旨，发挥群团合力办实事，及时解决重点人才落户、夫妻两地分居等难题，慰问困难职工，让每个人感受到支部大家庭的温暖。

（三）实施"三项工程"，提升支部引领发展的创造力

坚持"党员是人才队伍核心"的培养理念，确保科研团队政治定力强、综合素养高。

一是实施"领航"工程，打造又红又专队伍。智能交通发展首先靠人才、关键看党员，支部组织党员与业务骨干"结对子"，在思想教育与科研攻关上"传帮带"，把党员培养成业务骨干，把业务骨干发展成党员，实现了政治素质与业务素质"双促进"。

二是实施"培育"工程，提升专业技术能力。站得高才能看得远，支部通过开展联学共建，组织党员与清华大学、荷兰代尔夫特理工大学、华为、中国移动等国内外高校、企业建立交流培训机制，打造了由团队带头人、党员核心骨干、专业技术人员组成的金字塔型创新团队。

三是实施"正心"工程，强化人才担当精神。支部按照"站位高、言行正、工作实"的标准，以先进典型引路，结合专题培训、专家讲座，持续开展科研道德诚信教育，锤炼践行新时代担当精神，在发展事业同时，最大限度地成就个人成长，铸造了一支政治过硬、勇于担当、业务精湛的优秀人才队伍。

三、工作启示

支部以"三个三"支部工作法为抓手，扎实开展党支部的各项建

设工作，激发党员爱岗敬业、干事创业的热情和活力，提升支部的组织力、凝聚力、创造力。通过党员先锋模范作用的发挥，中心在智能交通战略与规划、自动驾驶与车路协同、智慧公路与智能管控、便捷出行与随程服务、城市交通与高效运行、数据挖掘与信息建模、密码算法与信息安全等方面取得了创新性的技术突破，形成了自主知识产权的成套技术成果，多项成果处于国内领先水平，部分达到国际先进水平，为加快建设交通强国、当好中国现代化开路先锋提供有力的技术支撑。

"强学习、筑堡垒、树先锋"
科技创新谱新篇

交通运输部公路科学研究院道路研究中心党支部

一、案例背景

交通运输部公路科学研究院道路研究中心是公路院承担道路工程科学研究、技术研发、科技服务、成果转化、标准制定任务的科研业务部门。道路研究中心党支部现有党员41名，其中高级职称人员25名、占比61%，博士19名、占比46%，硕士18名，硕士及以上占比90%。近年来，在联系本支部的部领导亲切关怀和悉心指导下，支部紧扣单位实际和党员特点，以"六学三好三争先"支部工作法为抓手，不断加强政治建设，充分发挥基层党组织战斗堡垒作用和党员先锋模范作用，以党建促业务、以业务强党建，"双轮驱动"同向发力、同频共振，为建设交通强国、世界一流科研院提供了强有力的政治保障。

二、主要做法

（一）强化政治理论学习，抓紧抓实抓到位

将政治理论学习抓紧、抓实、抓到位，做到入脑、入心、入行，

新时代交通运输部系统党支部建设典型案例

筑牢理想信念根基，深刻领悟"两个确立"的决定性意义，增强"四个意识"、坚定"四个自信"、做到"两个维护"。

一是"及时学+主动学"。做到第一时间学习传达习近平总书记重要讲话精神、党的重要会议精神，重要精神首次传达"不过夜"。形成了比着学、争着学的良好氛围，党员自觉利用学习强国、支部生活等APP开展常态化理论学习，两名党员长期位居公路院学习强国积分第一名和第四名，另有两名党员学习积分在一年多时间位居第二、三名。

二是"全面学+重点学"。以党史学习教育常态化为抓手，组织党员进行了系统全面的政治理论学习。与此同时强化重点学习，学习内容方面重点加强对习近平总书记关于交通运输的重要论述、历年全国交通运输工作会议精神、增强政治机关意识、身边模范人物等的学习，学习对象方面用好青年理论学习小组这个载体，重点强化青年一代的理论武装。

三是"领学+研学"。领导干部先学一步、学深一层，开展专题研讨交流。联系党支部的部领导、组织关系在本支部的院领导以及支部书记分别带头讲党课，阐释理论热点，分享学习心得，交流学习体会，深入答疑解惑。普通党员轮流讲党课，以讲促学、以研促学，党员干部理论学习的吸引力、感染力、实效性不断提升。

（二）筑牢支部战斗堡垒，有力有效有创新

一是建好党小组。传承"支部建在连上"的光荣传统，学习老一辈无产阶级革命家的宝贵经验，提出和实施"党小组建在科研团队上"，将研究方向相近、业务类型相似团队的党员组成一个党小组，为党支部在科研生产各项工作中发挥战斗堡垒作用奠定了组织基础。

二是选好带头人。选优配齐党支部书记、党支部委员、党小组长等基层党建工作的"带头人"。中心行政主要负责人同时担任党支部书记，班子成员同时担任党支部委员，为党建和业务工作深度融合奠定了基础。选拔科研成果突出、有干劲、会干事、作风正派、办事公道的党员担任党支部委员和党小组长，并加强党建工作教育培训，使其成为让组织放心、人民群众满意、党员干部服气的基层党建带头人。

三是当好"吸铁石"。严格落实"三会一课"、主题党日、民主生活会和组织生活会等制度，深化基层党组织标准化建设，提高党内组织生活质量。坚持党的群众路线，坚持工作重心下移，深入工程一线、深入党员群众，用好谈心谈话等工作方式，全面准确地了解和反映群众的愿望和诉求，帮助党员群众解决工作生活中面临的实际问题。不定期开展中心职工入党意愿摸底，引导优秀员工积极向党组织靠拢。

(三) 树牢党员先锋意识，争优争先争一流

一是在"勇担当"上争先。组建世界屋脊青藏高原公路科研攻关团队，开展青藏高原冻土路基科研攻关工程技术应用效果评价，支撑青藏高速公路先导段建设决策。主动申请作为公路院事企分开改革试点部门，率先顺利完成事企分开改革任务，带头落实部党组有关决策部署。设立党员先锋岗，在援疆、脱贫攻坚、交通强国试点项目、"四好农村路"高质量发展、色达对口帮扶等急难险重工作任务中，都有共产党员冲锋在前，让党旗高高飘扬在科研攻关第一线。

二是在"善作为"上争先。中心党员一马当先，在公路科技高水平自立自强上持续发力，在国家级科技奖励、国家级科研项目、国家级科研人才方面取得累累硕果，做到了出成果、出人才、出效益、出

亮点、出特色，发挥了显著的先锋模范作用和引领带动作用。组织党员专家编写公路科普作品，采用到北京四中等学习授课以及线上讲座等方式开展"科普进校园"活动，吸引下一代投身交通运输事业。

三是在"作表率"上争先。支部党员张劲泉同志作为公路院主要负责同志，带头执行党员领导干部双重组织生活会制度，作为科研人员入选 2021 年院士增选有效候选人，为年轻一代公路科技人作出表率。世界屋脊青藏高原公路科研攻关团队荣获交通运输部"2021 年感动交通年度人物"，成为广大干部职工学习的榜样。创建了公路院第一个示范性劳模工作室——"田波创新工作室"，弘扬劳模精神、科学家精神，更好地发挥模范表率作用。

三、工作启示

一是加强政治引领。要坚持把政治建设放在首位，持续深入贯彻习近平总书记关于推进中央和国家机关党的政治建设重要指示，落实中央和国家机关工委、交通运输部党组关于创建让党中央放心、让人民群众满意的模范机关试点工作要求，持续深入推进政治机关建设。

二是加强党业融合。党建工作既要引领和推动业务工作，还要用业务工作业绩检验党建工作成效。要以落实部党组重大决策部署、院党委重要工作安排为抓手，用实际工作业绩检验党建工作成效，用实际行动增强"四个意识"、坚定"四个自信"、做到"两个维护"。

三是加强党小组建设。加强党小组建设，提高党小组的执行力，更好发挥党小组在基层党建工作中"神经末梢"的积极作用。配齐配强党小组长，通过教育培训不断提升党小组长素质和能力，团结带领党员完成党支部交办的各项任务。

将支部打造成为"创一流 攀高峰"的坚强堡垒

交通运输部天津水运工程科学研究院
海洋水动力中心党支部

一、案例背景

交通运输部天津水运工程科学研究院海洋水动力中心主要从事港口工程领域水动力研究，同时承担海外项目的论证咨询工作。党支部人员队伍具有"党员多、高学历多、高级职称多"的"三多"特点，现有党员32名，占全体员工的89%，硕博士学历占比93%，高级技术职称占比55%。2016年底中心在机构整合过程中，出现队伍不稳定、业务难拓展和班子不团结等问题，科研创新和中心发展遇到重大困难。2017年7月，院党委以党建为引领，以支部工作为抓手，创新管理模式，任命人事处处长兼任海动中心党支部书记，着力推进党的建设与中心工作深度融合，逐步探索形成"四抓四建"工作模式。特别是2019年5月支部成为部主要领导基层联系点以来，围绕"创一流 攀高峰"奋斗目标，积极服务"一带一路"倡议和交通强国建设，乘势而上、阔步跃进，科研业务产值增长3倍，实施建设2个双边国际联合研究中心，承担"一带一路"沿线重要工程150余项研究工作，科研成果获省部级一等奖 8 项，12 名科研骨干入选省部级人才推荐和职称晋升，被评为"交通运输部系统先进基层党组织"和"全国交通运输系统先进集体"。

二、主要做法

（一）抓班子建设，建制度，做好带头人

深刻认识和把握加强基层党组织建设的重要性，坚定不移地把党的领导落实到中心工作的各个方面，深入学习贯彻习近平新时代中国特色社会主义思想，严格落实"三会一课"制度，班子成员带头讲党课，带动干部党员从"被动学"到"主动讲"，让理论学习入脑入心。明确班子议事规则和决策程序，通过建立完善管理制度，提升内部管理效率和服务水平。培育创新动能，厚植研发沃土，引导和激励纵向项目申报、科技成果提升、专业拓展工作，探索建立科研创新制度和激励机制，分配制度向科研骨干和创新工作倾斜。系列新举措开辟了职能部门与一线科研部门之间工作联动新思路，显著提高了基层党建水平和治理能力。

（二）抓骨干建设，建组织，打造先锋队

支部把培树一流人才摆在核心位置，通过开展博士招聘、青年首席专家推荐、青年科技英才评选等系列举措，努力实现党性修养与业务能力双提升。围绕服务人才成长，针对人员"三多"特点，将发展目标、专业方向与党小组划分有机融合，发现和培养青年学术带头人，当好真心朋友、人生导师和后勤部长，成立以青年博士为组长的海上丝路、大水槽和水运强国三个党小组，认真履行水运科研排头兵、国

将支部打造成为"创一流 攀高峰"的坚强堡垒

际合作先锋队职责使命，形成"党建+科研"的战斗合力，引领中心服务国家战略，推动水运科技高水平自立自强。

（三）抓文化建设，建和谐，营造好氛围

以打造具有海动特色、与国际接轨、温馨和谐的职工小家为切入点，营造快乐和谐的团队氛围。科研人员在研讨中激发创新灵感，在读书鉴赏、技术比武、座谈交流等活动中加强沟通、疏解情绪，提振精神。定期召开技术人员交流会、退休职工和家属座谈会，开展"博士讲堂""英语角""海动爱运动"等特色活动，进一步丰富文化载体，营造积极向上、团结协作的昂扬氛围，践行交通行业时代精神，弘扬"求真务实、自强不息、团结协作、开拓创新"的天科精神。

（四）抓作风建设，建阵地，铸就强堡垒

支部不断强化塑造清风正气，按照管理上提质增效、学术上求实创新、业务上廉洁守信的要求，既注重掌握苗头性倾向性问题，也重视了解职工的困惑和困难，及时采取针对性措施，推动问题解决。大力建设支部活动室、党小组学习室等有效阵地，推进党支部标准化、规范化建设。结合科研业务特点，与河北海事局溢油中心、天津市外事办亚洲处、中交一航院海外部等开展支部联学，推动党建工作与中心工作深度融合，打造坚强战斗堡垒。

三、工作启示

一是支部工作要紧扣学习贯彻习近平新时代中国特色社会主义思想这一主线，把不忘初心的标尺立起来，把牢记使命的责任扛起来，把党员的先锋形象树起来，以党的政治建设为统领，强化"四抓"，

加强"四建",不断推动党的思想建设、组织建设、作风建设、纪律建设取得新成效。

二是坚持"创一流 攀高峰"高标准。以加快建设国际一流科研中心为目标,在专业方向、创新成果、人才队伍、科研设施、规范管理等方面深入检视自身差距,把问题找实、把根源找深,从基层、基础、基本功做起。

三要坚持党建科研两手抓两促进。将支部工作与科研重点工作充分结合、深度融合。同谋划、同部署、同实施、同检查、同考核,以党的建设带动和促进科研创新,以科研成效检验支部工作成效。

四是全面把握部主要领导联系支部的重要要求,始终坚持以人为本、人才为先的工作理念,坚持把牢政治方向,坚持服务"三个引领",塑造清风正气,努力当好科研人员的真心朋友、人生导师和后勤部长。

构筑"五个文化" 旗帜鲜明地抓好中外合作办学机构党支部建设

大连海事大学国际联合学院党支部

一、案例背景

大连海事大学国际联合学院成立于2017年，旨在加快学校建设世界一流海事大学进程，提高学校高等教育水平和国际影响力，服务人才强国战略和交通强国建设。学院管理团队现有13人，其中正式党员10人，预备党员1人；学生470人（含海上安全与环境管理硕士班44人），本科生预备党员8人。学院党支部落实高校立德树人根本任务，切实发挥党建育人的"引擎"作用，按照中组部、教育部对中外合作办学机构和项目"要坚持党的建设同步谋划、党的组织同步设置、党的工作同步开展"的"三同步"工作要求，积极构筑"五个文化"，旗帜鲜明抓党建，着力提升党支部的凝聚力、战斗力、影响力，打造坚强战斗堡垒，使党支部建设成为推动学校中外合作办学发展的龙头。

二、主要做法

（一）以坚定理想信念为重点，构筑党支部"精神文化"

认真学习习近平总书记关于教育的重要论述，引导师生坚定"四

新时代交通运输部系统党支部建设典型案例

个自信"。在思政必修课之外,开设"国情教育""大学生综合素养"等讲座类课程,引导师生充分认识世界和中国发展大势、坚信中国特色社会主义制度的优越性,为学生在今后的国际交往中讲好中国故事奠定基础。形成育人合力,将师资队伍多元化带来的风险转化成育人优势。坚守意识形态主阵地,学院对课程大纲和任课教师严格把关,实行中外教师"共课制"。强化党员的政治责任,意识形态工作不留死角,守好意识形态防线。

打造学生成长引领系列活动"知行讲堂",引导学生注重理论联系实际,培养学生知学善用、行稳致远的品格。通过举办"新生成长论坛"落实"没报到先感知学校,未入学先受教育"的理念。依托"思辨嘉年华"系列活动,积极引领学生扎根中国,放眼世界。

(二)以强化规矩意识为重点,构筑党支部"制度文化"

准确把握《中国共产党普通高等学校基层组织工作条例》,把具有中国特色的高等教育模式和中外合作办学模式相结合,进一步夯实党建基础、提升党建效能。出台《国际联合学院党支部工作职责》,进一步细化学院党组织的地位、职责、作用,突出党的领导责任。狠抓班子建设,发挥党组织战斗堡垒作用,围绕学院发展目标,结合党史学习教育,细化工作措施,实行责任包干制。

认真开展"听、说、读、写、行"等一系列主题突出、特色鲜明的"沉浸式"党史学习教育,扎实推进"两学一做"学习教育常态化制度化,努力做好"我为师生办实事"实践活动,严格执行党员领导干部民主生活会、"三会一课"和民主评议党员等制度。切实落实党风廉政建设责任制,推动全面从严治党向纵深发展。

构筑"五个文化"
旗帜鲜明地抓好中外合作办学机构党支部建设

(三) 以发挥战斗堡垒作用为重点,构筑党支部"阵地文化"

打造学院吉祥物、表情包等视觉识别文化,横联构建学院"官网+官微"学习宣传载体,创建学院企业微信号,提升学习资料投放精度,扩大学习参与度。构建"三原色"党建与思政教育工作室,打磨新型育人生态。设立网上"党支部",建立"掌上课堂",打造党员互动平台、教育学习平台、政策宣传平台、师生互动及家校合作平台。开展了"党史当时"中英文诵读专栏,每天回顾党的发展历史上重大事件,解码党的百年精神谱系。

开展"青春·讲述"系列活动,用英语讲述中国故事,创新青年对外传播的话语方式,让受众愿意听、听得见、听得懂、感受到,让这些未来的新生力量能够向世界"解释中国",提升他们的全球话语能力。

(四) 以为民服务办实事为重点,构筑党支部"行为文化"

切实改进工作作风,班子成员坚持每天进教室、跟晨读、查早课、盯自习,务实推进学风建设。举办"拔节孕穗计划"之"Chitchat·畅谈",与同学们聊生活、说学习、话人生。开展"青春·对话"活动,倾听青年心声、心系青年需求、引领青年成长。本着"帮学生寻找一切可能"的理念,为学生建立"成长档案"。从经历、技能、荣誉、兴趣爱好、自我评价、未来发展意向以及现阶段面临的学业挑战等各个角度全方位地为学生画像,追踪每一名学生的成长轨迹,记录学生的成长历程,让学生们更好地认知自我、不断超越自我。

定期举办"家长沙龙",动态诠释大学生活,学院党支部联系实际、创新形式、精选主题、丰富内容,分层次、多角度与家长们分享先进的教育理念和教育方法，为解决家长后顾之忧。利用寒、暑假期对学业困难学生家庭进行线上逐一家访，积极探索构建学校和家庭协同育人的新格局。

（五）以凝聚力建设为重点，构筑党支部的"归属文化"

党支部让每一位党员都积极参与支部的事务，发挥各自潜能，为支部目标作出贡献。安排党员轮流主持组织生活会，从角色转换中唤起党员的参与意识，使党员真正成为组织生活的主角。全新打造"党员之家"，通过设计党建文化墙，制作党支部规范化建设手册、定期印发《党支部学习材料（月刊）》等方式，营造浓厚的党建文化氛围。

同时引入学院"色彩文化"，通过红、黄、蓝三原色，引领师生树立和传承"一心向党，砥砺奋进"的赤子之心、"生于华夏，传承文化"的家国情怀和"立足海大，拥抱世界"的蓝色基因，通过举办英文党史展、选拔优秀学生作为"朋辈导师"、拍摄战疫手势舞等活动，不断增强他们的"归属感"。

三、工作启示

如何立足中外合作办学特点、构筑良好的党建运行机制是一项需要研究和探讨的重要课题。

（一）树立党建统领一切工作的理念

把握正确的办学方向，坚守中外合作办学的意识形态阵地。找准工作着力点，构建以党建统领，统筹推动事业发展的工作机制，激发出引领发展的新动能，让党的建设更有生命力。中外合作办学的党建工作，需要因地制宜，运用现代化的教育手段、智能化的新闻媒介、

构筑"五个文化"
旗帜鲜明地抓好中外合作办学机构党支部建设

信息化的网络优势,不受时空限制,把互联网+党建打造成师生员工不可或缺的重要精神家园,真正实现"三同步"。

(二)适应国际化教育的要求

由于东西方不同文明、不同思维方式、不同意识形态的碰撞,中外合作办学机构是敌对势力进行"颜色渗透"的首选之地。中外合作办学党组织必须紧跟时代步伐,把牢方向、突出优势、形成机制、打造特色,确保党的声音占领舆论主阵地。用贴近实际、贴近时代、贴近需求的载体、形式、方法、手段,提升党内政治文化的软实力,在潜移默化中增强师生的政治认同、思想认同和情感认同,扎实推进中外合作办学党建工作。

坚持"三心三度"工作法推动党建业务融合发展

交通运输部管理干部学院道路教研部党支部

一、案例背景

交通运输部管理干部学院道路教研部党支部共有党员 13 名,承担着公路行业教育培训的主要职责。近年来,支部通过"三心三度"工作法,造就了一支政治过硬、团结奋进、敢闯敢拼的队伍,形成了党建与业务工作深度融合、相互促进的良好局面。党员把对党忠诚,初心使命烙印在头脑里,落实到行动中,以高质量的教育培训助力打造人民满意交通,践行"德行合一、路通华夏"誓言。

二、主要做法

(一)强化政治引领,坚定对党忠心,增加工作深度

一是突出政治属性。深刻领悟"两个确立"的决定性意义,增强"四个意识"、坚定"四个自信"、做到"两个维护",在培训组织中,党员做好表率,注意意识形态的引导,发挥好交通运输新型智库联盟成员单位优势。

二是丰富学习形式。听党话、跟党走,将对党的衷心体现在日常

坚持"三心三度"工作法 推动党建业务融合发展

学习中。通过支部书记和委员上党课、支部论坛、党建趣味知识竞赛、《中国共产党简史》微党课、红色经典情景表演等学习形式不断加强自身理论修养。

三是发挥纽带作用。在建设交通强国的征程中，通过培训、为部服务不断发挥政策下达、问题上传、经验推广的桥梁纽带作用。年均培训10000余人，常年奔走于全国各地开展培训工作，全年人均出差超过100天，协助相关司局到各地开展各类督导检查、行业调研、组织全国现场会等工作，为建设交通强国提供了智力支持。

（二）*加强党性修养，坚守服务初心，提升工作温度*

一是加强自身修养，关键时刻显担当。无论是面对新冠肺炎疫情的影响还是四川色达、壤塘4000米海拔的高原反应，都没有阻挡党员们服务行业的决心，他们迎难而上，以坚强的毅力将知识送到藏区、边境交通人的身边。

二是服务初心使命，找准行业切入点。党员们积极调研，跟踪行业热点，通过"四好农村路"、危旧桥梁改造、公路标志标线优化提升等培训，助力让老百姓走上"放心路""放心桥"。在2020年新冠肺炎疫情刚刚稳定后部开展的撤站检查和2021年"四好农村路"大调研中，党员们无惧疫情，积极参加检查工作、梳理政策、开展调研、撰写报告，并根据自身优势编写"四好农村路"培训教材和案例集，为行业发展提供有力人才支撑。

三是改进工作作风，提高服务满意度。在支部班子领导下，每次培训前充分沟通，培训后认真总结，查遗补漏、相互提醒，通过优化服务流程、强化服务能力等，以学员为中心，切实提升服务温度。

(三）创新方式方法，坚持帮扶爱心，拓展工作广度

一是制作创意党建墙。围绕部门中心工作，制作"ROAD""心连心"特色党建墙，由培训工作、培训学员、支部成员文体活动和家人照片等组成"ROAD"和心心相印的形状，增强了部门凝聚力，实现了党建促业务，业务强党建良性循环。

二是创新培训新模式。在党建研讨中创新性开展结构化研讨、世界咖啡研讨会，并将其应用到培训工作中，进而增加模拟新闻发布会、桌面推演、学员论坛、线上培训、实地教学录像拍摄等组织形式，使培训质量实现了质的飞跃。

三是创造帮扶新高度。几年来，赶赴陕西延川县、宁夏固原市、四川阿坝藏族羌族自治州、湖南永州市、三区三州等贫困地区，根据培训需求组织或提供义务线下培训。2020年，在新冠肺炎疫情影响下，党员们积极思考，创新开展线上培训，拓展覆盖广度，打好线上线下组合拳，开展好扶贫扶智培训，共为贫困地区提供了近10000个免费名额，有效缓解了贫困地区知识落后、经费紧张的实际困难，真正让培训延伸到华夏每一个角落。

三、工作启示

（一）以党建统思想，谋划事业蓝图

党支部通过组织各类学习互鉴活动，将党员思想统一到赓续红色血脉、传承伟大精神、打造人民满意交通上来。支部班子以集体领导、民主集中、个别酝酿、会议决定的原则来谋划事业蓝图，决定重大事项。取消省界收费站督导检查工作、高原边境帮扶送教工作、危桥改

坚持"三心三度"工作法 推动党建业务融合发展

造民心项目等,都是党员群策群力共谋发展的结果。

(二)以党建聚人心,激发干事热情

党支部工作注重春风化雨,因人制宜。每位老师成长情况不同,在不同发展阶段会有不同诉求。党支部作为党员之家,真诚为党员排忧解难,让其工作没有后顾之忧,让温暖与感动时刻萦绕。支部对党员的关心关爱转化成了党员服务行业的情怀,每位党员充分发挥潜能,贡献智慧和力量,提高了党支部的凝聚力、向心力和战斗力。

(三)以业务验担当,争做先锋模范

在业务工作中党员们冲锋在前、敢闯敢拼,不断推陈出新、危中寻机,充分发挥公路人逢山开路遇水架桥的开拓精神,实现了从培训组织到科研咨询工作内容的切换,从学历讲台到培训讲台教课水平的提升,从线下到线上教学培训形式的创新。业务上担当是党员历练的最佳试金石,支部在评价党员时将其作为重要标准。党员们在急难险重任务中主动请缨,当仁不让,先锋模范作用处处彰显。

四 "一" 并举
推进党建与业务工作双提升

人民交通出版社股份有限公司第十党支部

一、案例背景

人民交通出版社股份有限公司（以下简称股份公司）第十党支部，由股份公司发行部（北京中交盛世书刊有限公司）的18名党员组成。该部门（公司）主要承担股份公司图书的宣传推广与营销工作。支部成立以来，积极探索实施四"一"支部工作法，以"筑实战斗堡垒、强化使命担当、筑牢学习阵地、提升工作效能"为抓手，构建"党建引领促发展，业务融合双提升"的工作格局，取得良好成效。

二、主要做法

（一）加强党的领导与完善公司治理相统一，筑实战斗堡垒

坚持政治统领党建先行，把党的领导融入公司治理各环节。立足部门、公司一门双牌工作实际，把党组织的职责权限、机构设置等纳入公司管理制度体系，明确党组织在企业决策、执行、监督各环节的权责和工作方式，确保党组织设置与部门生产经营活动、组织管理幅度相适应，将党的组织优势转化成为部门治理效能。通过党支部这一

四 "一"并举 推进党建与业务工作双提升

关键纽带实现发行部、中交盛世公司党建与业务工作同谋划、同部署、同推进、同落实。

加强党的建设贯穿部门管理与生产经营始终,推动党建工作与生产经营工作深度融合。新冠肺炎疫情防控期间,党支部迅速成立疫情防控及生产经营工作领导小组,有序推进复工复产,统筹物力保出库;开展渠道及院校调研,社店协同发教材;通过问卷访谈,保障图书信息交流与意见传递的通畅。党支部贯彻新发展理念,围绕质量、效率、动力三方面创新工作手段,不断提升党支部的战斗堡垒作用和党员的先锋模范作用。

(二)社会效益与经济效益相统一,强化使命担当

强化政治担当,把握正确政治方向,始终将社会效益放在首位,以"立足交通、服务交通、服务社会"为宗旨统筹谋划业务工作。聚焦《习近平关于交通运输论述摘编》《国家综合立体交通网规划纲要学习读本》、"交通强国""四好农村路""国家重大工程档案"系列图书等优秀主题出版物,树立窗口意识,主动对接部机关及交通运输行业单位,成为行业理论学习材料与主题图书的推广及服务窗口。

以党建为引领,提高服务意识,强化使命担当。与全国200多家实体书店和网上书店建立合作关系,针对优秀科普读物开展农家书屋及馆配项目推广,不断增强优秀文化产品的覆盖面和影响力,力求实现社会效益与经济效益有机统一,用优质服务助力交通强国建设。

(三)学习内容与创新形式相统一,筑牢学习阵地

丰富学习层次,理论学习与业务学习共推进。着力建成"领导干

新时代交通运输部系统党支部建设典型案例

部讲党课、业务骨干教工作、普通党员谈收获"为主线的学习体系,将业务工作中的"热点""痛点"和"难点"作为理论学习的切入点,实现理论学习与业务学习有机结合,筑牢"全天候、多层次、宽领域"的党建业务融合学习主阵地。

创新学习形式,线上交流与线下研讨相融合。依托"三会一课"等常态化制度化机制,党支部坚持以习近平新时代中国特色社会主义思想为指引,以党史学习教育为契机,读原著、学原文、悟原理,坚持不懈地学习党的创新理论成果;同时建立 QQ 讨论组、微信学习小组,结合"学习强国"学习平台、"支部工作"APP 等融媒体平台,分享党建工作最新理论,交流学习体会,研讨业务难题,提升了支部党员学习的积极性、针对性和实效性。

★ 人民交通出版社股份有限公司第十党支部组织生活日集中学习

（四）党建与团建相统一，提升工作效能

坚持党建带团建，结合工会及共青团等群团组织的相关工作，支部发挥党联系群众的桥梁与纽带作用，相互促进、共同提高。老党员同志经验丰富、阅历深厚，通过业务分享会，展现了老一辈党员艰苦奋斗的老黄牛精神；中年党员同志深入研究理论知识与行业政策，建立专项工作小组，展现了中流砥柱创新发展的拓荒牛精神；青年党员同志善于学习、刻苦钻研，在工作与生活中补台、互助，展现了为民服务的孺子牛精神。

"老中青"三代党员打破自身业务范畴，通过党支部的平台交融、碰撞、取长补短，形成老党员甘为人梯，中年党员开拓引领，青年党员谦虚好学有机结合的集体，在学习与工作中同心、同向、同力，将支部党员的特色优势转化为工作效能，强化党建工作队伍"传帮带"。

三、工作启示

（一）党建引领促业务

要始终坚持"党建引领促发展"的工作理念，真正做到一起谋划、一同部署，推进党建工作与生产经营深度融合，实现互融互进、同频共振。

（二）勇于担当提双效

支部始终坚持正确政治导向，强化政治引领，坚定窗口意识，把社会效益放在首位，增强服务交通运输行业的责任感和使命感，提升综合文化服务品质，更好地满足行业和公众需求，实现社会效益与经

济效益双丰收。

（三）创新方式强学习

创新理论学习与业务学习相结合、线上交流与线下研讨相结合的学习体系，将个人自学与集中学习贯通，通过一个小组、一个线上群的方式打造全时段学习阵地。及时分享学习心得，研讨业务难题，实现理论素养与业务水平的双提升。

（四）善用禀赋建队伍

支部建设从实际出发，深入挖掘支部特点，以每个年龄段党员的特色和发展需要为出发点，让每位党员参与其中、发挥作用、取长补短，形成干事创业的良好氛围，打造和谐、奋进、团结、拼搏的工作队伍。

全力打造"融合先锋"党建品牌 推动党建与中心工作相融相促

中国交通报社有限公司第十党支部

一、案例背景

中国交通报社有限公司第十党支部由新媒体中心的 11 名党员组成。新媒体中心是报社积极践行媒体融合发展国家战略的主阵地，致力于建设融媒体平台、提升内容生产传播质量。近年来，支部坚持推动党建与中心工作深度融合、传统媒体与新媒体深度融合，探索打造"融合先锋"党建品牌。

二、主要做法

（一）建强学习型党支部

一是创新形式学党史。创新设立"家乡党史故事"系列课堂，支部每月安排党员或青年理论学习小组成员，分享发生在家乡的党史故事。目前，"家乡党史故事"系列课堂已开展 7 期，覆盖福建、河南、山西、湖北、陕西、甘肃、天津、河北等地。别样的学习形式，让党史教育内容更有"党味"、形式更有"趣味"、效果更有"回味"。

新时代交通运输部系统党支部建设典型案例

二是结合行业学指示。利用线上线下相结合的形式学习、议事，充分结合交通运输行业和媒体行业特点，学习主题涵盖习近平总书记重要讲话精神、全国两会融媒体报道工作法、融媒体平台建设等；结合习近平总书记关于把握正确舆论导向的有关重要指示精神，组织开展交流学习，围绕网络热点事件等开展讨论。

三是打破圈子学经验。探索形成"融合汇"学习载体，既内部交流行业媒体做好融媒体策划的心得，也组织党员到拓尔思公司开展主题联学，实地调研融媒体平台建设经验；既邀请北京网信办专家为党员授课，也组织每周一次外部案例分析，党员进一步增长了才干、增添了信心、形成了风格。

★ 中国交通报社有限公司第十党支部与青年理论学习小组开展党建联学及案例分享活动

全力打造"融合先锋"党建品牌
推动党建与中心工作相融相促

（二）建设创新型党支部

一是激发创新驱动力，突出特色力推精品。发力第三方平台传播，原创内容月均阅读量超2亿次，实现了专业权威与人气流量的有效融合。"好生活在路上"交通发展成就融媒体宣传活动第二季——"在路上看新疆"反响强烈，微博话题阅读量3.5亿，覆盖报、网、电视三端共计10亿人次。

二是提升团队协作力，全员参与量效齐升。全面推行独立策划选题，党员干部带头示范，手把手指导原创或整合时效性、趣味性、可读性强的策划。支部坚持不拘一格、多点开花，在探索中分析数据、总结经验、调整思路，微信独立策划的平均阅读量翻番，风格转换受到读者欢迎。

三是巩固发展硬实力，系统升级扎实推进。完成新媒体采编系统升级改造，发力建设中国交通新闻网、交通强国客户端等自有移动传播平台，既做原创内容的提供者，又做行业信息的集成者。目前，交通强国客户端已被打造成为聚焦交通运输行业的移动互联网权威发布平台。

（三）建设改革型党支部

积极响应社党委要求，全面试行OKR工作法。

一是舆情室确定"成为交通行业舆情工作的标杆"的工作目标。以"积累大量案例""建立理论体系""积累良好口碑"等指标为关键结果。讨论完善了舆情工作4大类10方面43项目标任务，确定了月度计划分工，完善了目标任务体系。

二是新媒体平台部确定"唤醒影响万千受众的创造力"的工

作目标。设定4个以各类产品阅读量为评价标准的关键结果，旨在让编辑深刻认识到自己在传播新闻信息、引导行业舆论中的重要作用，进而激发创新新媒体产品策划生产、扩大传播影响的创造力。

三、工作启示

一是要明确工作核心，即加强政治建设，提高政治站位，彰显政治属性，强化政治引领，增强政治能力。

二是利用更灵活的工作方式，推动党建与业务深度融合，打造形成突出党建属性、紧密联系业务、具有部门特色的支部工作法。

三是要找准切入口和相融点，切实把党的政治优势、组织优势、群众工作优势转化为创新优势、改革优势、发展优势，在"唯快不破"的媒体深度融合工作中奋勇当先。

牢记"国之大者" 坚持"三个狠抓"
全力推进党建与中心工作深度融合

中国交通通信信息中心

空间信息事业部北斗办党支部

一、案例背景

交通运输行业是北斗系统最大的民用用户之一。交信北斗科技有限公司隶属于中国交通通信信息中心，承担着北斗系统在交通运输行业的应用推广工作。空间信息事业部北斗办党支部作为部领导支部工作联系点，始终牢记"国之大者"，坚持"三个狠抓"，深刻把握党建围绕中心、建设队伍、服务群众的职责定位，引导党员找准服务人民满意交通的着力点，全力促进党建和中心工作一体推动、深度融合。

二、主要做法

（一）狠抓思想建设，突出政治引领

2021年11月11日，部领导到支部调研指导工作时提出"要胸怀'两个大局'，在大势中抢抓机遇、勇担使命，以北斗技术创新为交通运输长远发展强基赋能"，为深入落实指示要求，着力提升政治站位，努力把思想政治教育贯穿于支部建设的始终，引导党员将党的创新理

新时代交通运输部系统党支部建设典型案例

论融入自身业务工作,虚功实作。

一是突出"以学促知"。第一时间组织党员认真学习全国两会精神、十九届历次全会精神、习近平总书记在庆祝中国共产党成立100周年大会上的重要讲话精神等,先学一步、深学一层。通过落实"第一议题"制度,从整体上准确把握习近平总书记关于交通运输及北斗系统的重要讲话、指示批示的核心要义,在细节上精读细研,将精神融会贯通。

二是突出"以讲促学"。党员轮流原文领学《习近平新时代中国特色社会主义思想学习纲要》等,从"被动听"变成"主动讲"。开展"党史大家学,微党课大家讲"特色活动,党员担任"轮值讲师",围绕《中国共产党简史》制作授课PPT,做到"每月一课,每周一讲"。

三是突出"学用结合"。努力把党建与中心工作"揉"在一起、"融"为一体,着力解决党建工作"两张皮""灯下黑"问题。结合通信信息中心"十四五"事业发展规划,开展"我的中心发展梦"特色征文活动,鼓励党员为事业发展建言献策、以"主人翁"身份谋划未来工作方向,形成落实《交通强国建设纲要》的思想自觉、政治自觉和行动自觉。组织党员技术骨干进行研讨,探索如何将交通强国建设与北斗系统应用充分结合,创新北斗系统行业应用模式,助推北斗产业高质量发展。组织形式多样的主题党日活动,与交通运输部综合规划司青年职工围绕业务交流座谈,赴长城红馆进行爱国主义教育培训,为庆祝中华人民共和国成立70周年,配合北斗官微录制"我是北斗人,我爱你,祖国!"宣传视频。

牢记"国之大者" 坚持"三个狠抓"
全力推进党建与中心工作深度融合

(二)狠抓组织建设,筑牢战斗堡垒

充分发挥党员先锋模范作用,增强支部的创造力凝聚力战斗力,培养"关键时候站得出来、危急关头豁得出去"的党员队伍。

一是选好"领头羊"。发挥支部书记作为"全国五一劳动奖章"获得者的示范作用,既带头讲党课,又带头听党课,定期与普通党员谈心谈话,了解每名党员同志的兴趣、爱好、特长及个性特点,努力使党员在工作中各施其力、各展所长。

二是增强队伍凝聚力、战斗力。发挥好支部主体作用,年初对党建工作及业务工作任务进行细化、量化、具体化,层层分解责任目标,将各项任务落实到每一名党员身上,年终进行考核,保证计划可行、可用、可落地。创新"党建+业务"培训模式,组织现场学习、座谈交流、经验介绍,内容包括管理、综合、业务、技术4类,涉及北斗系统发展历程、党史基础知识、北斗中轨搜救系统的建设与发展等内容,提升了党员履责意识和业务能力。

三是以重大项目建设为抓手推进人才培养。结合北斗全球系统建设,组建交通运输行业青年技术队伍——北斗国际化团队。平均年龄30岁,将实现"中国的北斗、世界的北斗"作为使命,在我国无先例可循、无经验可借鉴的情况下,勇于承担北斗报文服务加入国际海事组织全球海上遇险与安全系统(GMDSS)艰巨任务。克服新冠肺炎疫情影响,向国际专家组充分展示了北斗报文服务系统的功能和性能,推动北斗国际化应用迈出关键一步。

(三)狠抓作风建设,强化政治担当

持之以恒推进作风建设走深走实,建强用好党支部工作联系点制

度，第一时间将年度组织生活会等基本情况、工作中的经验教训和今后工作思路向部领导汇报，确保党中央及部党组重大决策部署落实落细。

一是以先进典型为标杆。注重培树身边典型，激励干部职工接续奋斗，支部党员卢红洋同志2019年获部"五四"青年奖章、2020年获"全国交通运输系统劳动模范""部系统优秀共产党员""交通运输青年科技英才"称号，2021年获"中央和国家机关优秀共产党员"称号。组织先进事迹宣讲、青年理论学习研讨，通过典型带动，努力形成培树一个、影响一面、带动一片的良好效应。

二是以反面案例为镜鉴。将党内主要法规学习、典型案例通报、警示教育片观看纳入每月主题党日学习内容。开展"以身边典型事例为镜鉴，强化作风建设活动"，瞄准工作中存在的隐患及"突出"问题，防微杜渐、综合施治，实现"素质有新提升、作风有新气象、工作有新成绩"的三新目标。

三是激发党员主动担当、敢于作为。结合党史学习教育"我为群众办实事"实践活动及"学查改"专项活动，组织党员深入谋划自身工作，深度聚焦"群众烦心事"，围绕突破关键技术、以市场化的方式推动北斗在交通运输行业的全面应用，立下"红色军令状"，高质量完成整改任务，把对党忠诚、为党分忧、为党尽职、为民造福作为根本政治担当。

三、工作启示

通过近三年来的实践探索，空间信息事业部北斗办党支部始终坚持将服务人民满意交通作为一切工作的出发点和落脚点，持续提升北

牢记"国之大者" 坚持"三个狠抓"
全力推进党建与中心工作深度融合

斗系统基础服务能力，全力推动北斗系统服务行业应用多元需求。把党中央及部党组决策部署是否落实、中心工作是否完成、支部功能是否增强、党员素质是否提高、干事创业精神是否提振、职工群众是否满意作为衡量党建工作成效的根本标准，增强推动党建和业务工作深度融合的思想自觉、政治自觉和行动自觉，努力为交通运输高质量发展贡献力量！

新互联 心互通 情系民生服务
打造"五型"党支部

中国交通通信信息中心金卡公司党支部

一、案例背景

公共出行始终是民生重要之事。北京中交金卡科技有限公司隶属于中国交通通信信息中心，承担全国交通一卡通互联互通民生服务实施的职责。近年来，金卡公司党支部大力弘扬"坚持以人民为中心"精神，通过创建"新互联心互通"党建品牌，着力打造"五型"支部，不断提升支部吸引力、组织力和战斗力。

二、主要做法

（一）严要求，勇创新，打造"学习型"支部

坚持"三会一课"制度，严格党员纪律，做到组织生活定期化、规范化、常态化。拓展不同教育方式：线上发挥"两微一端"等新媒体优势，利用"学习强国"学习平台等，组织党员和青年在线学习、交流；线下采用"三会一课"、专题党课、主题党日、读书分享会等形式开展学习活动，依托"第一议题"制度及时跟进学习习近平总书记最新指示批示和重要论述，组织深入学习研讨习近平经济思想，注

新互联 心互通 情系民生服务 打造"五型"党支部

重开展沉浸式、互动式学习，聚焦党的百年奋斗历程留下的"红色遗迹""红色精神"，组织党员、青年前往"一二·九"运动纪念地、首都博物馆、中国国家博物馆开展主题党日活动，引领同志们重温革命历史，传承红色精神，推动党史学习融入日常、抓在经常，进一步增强理论学习针对性和实效性。

（二）强管理，促规范，打造"制度型"支部

落实党建工作责任制，修订完善《公司章程》，把加强党的领导和完善公司治理统一起来，以提升组织力为重点，以创建"四强"党支部为目标，全面推进党支部标准化规范化建设。细化、量化各支委职责任务，形成支部书记抓全面、抓重点，支部委员按照职责分工推动的局面。通过《党支部工作手册》全面记录议定事项和决定，《党员手册》完整反映党员参会情况，并组织支委定期自查。推动党务透明，在党员大会上公开支部年度工作计划、工作总结、推优评先、党费使用情况等，按年度建立工作台账以方便党员查阅，让党员对支部充分了解和信任。

（三）开言路，接地气，打造"开放型"支部

建立良好沟通机制，设立支部意见箱和建言献策小组，鼓励党员和积极分子敢讲真话，敢提意见。把意识形态工作纳入支部计划统筹推进，每年结合民主评议党员、"七一"党性分析等重要时点开展支部班子与党员、入党积极分子、群众谈心交流，及时排忧解难。支部定期组织党员干部、入党积极分子和广大青年职工交流学习，以学习党史为契机，宣传党的组织建设光辉历程和成果经验，为做好新时代青年创造良好氛围。

新时代交通运输部系统党支部建设典型案例

（四）党带团，育青年，打造"活力型"支部

支部现有党员和积极分子 29 人，40 岁以下青年 35 人，占比 70%。支部成立青年理论学习小组，由青年委员担任青年理论学习小组组长，负责组织制定全体青年年度学习计划；按照主责主业相近、便于组织的原则，将青年小组拆分为五个分组，每分组配备一名青年导师，各分组组长由优秀党员、团干部或青年骨干担任，督促全体青年按照学习计划要求定期参加集体学习和个人自学，并将党史学习教育知识点记录到支部配发的专用党史学习笔记本。结合党史学习内容，支部按月举办"初心悦读"读书分享会，推动实现在阅读中了解历史，在历史中感怀经典。开展《民法典》和财经知识专题培训，增强广大青年的法治理念与规矩意识，不断提升青年干部的整体综合素质。同时积极为青年成长搭建平台，在公司重大项目、行业一线等重要领域，让青年勇担重任，鼓励青年将青春奋斗投入到为人民服务中，建立年轻干部选拔机制，培养青年成长成才。

（五）勤调研，优服务，打造"服务型"支部

近年来，全国交通一卡通互联互通工作持续推进，覆盖 327 个地级以上城市和 1609 个县级行政区，"交通联合"品牌深入人心，累计发放了 1.58 亿张卡，使得人民群众对于交通一卡通高质量服务充满新期待，为行业发展带来了新机遇。支部针对人民群众和行业关心的难点热点问题，开展长期化调研工作，组织党员、青年骨干和入党积极分子赴典型地区实地考察，开展交通一卡通互联互通工作座谈会，利用微博微信、客服电话接受群众反馈，陆续收集行业意见百余条，群众意见万余条，基本摸清业务存在的问题和原因，形成了动态解决问

新互联 心互通 情系民生服务 打造"五型"党支部

题、改进工作的思路和举措。支部切实开展"我为群众办实事"实践活动，结合交通一卡通互联互通工作实际情况，制定金卡公司"我为群众办实事"项目清单，组织全体党员从自身实际和岗位职责出发，围绕公司重点工作任务，承诺1~2项"实事"，签署"我为群众办实事"承诺书，提出实施举措，并在组织生活会上报告实践情况，接受党员监督。

三、工作启示

党建工作要结合支部实际特点，创新工作思路，改革工作方法，才能把新时代党务工作做得更好、更有特色。最关键、最重要的就是结合工作实际充分调动党员积极性。鉴于金卡公司服务民生的工作本质，金卡公司党支部始终将"以人民为中心"作为主线，引导党员职工立足岗位，创新争优，以促进交通一卡通服务优质发展为目标，深化"新互联 心互通"党建品牌建设，营造齐心协力干事业、党员干部勇担当的氛围，努力把支部打造成学习强、管理强、队伍强、作用强的工作阵地和战斗堡垒。

坚持党建引领　助力交通战疫

交通运输部职业资格中心
交通国际合作事务中心党支部

一、案例背景

交通运输部职业资格中心交通国际合作事务中心党支部现有党员12人，下设2个党小组。党支部紧紧围绕"为部提供智力支撑、技术支持、服务保障"的工作主线，发挥"党建+"的引领作用，探索构建了"四位一体"党建业务融合模式，在非常之时立非常之志、尽非常之美，努力打造党建业务融合互促新格局，为打赢疫情防控这场人民战争提供了坚强的国际合作服务保障。

二、主要做法

（一）聚焦"党建+理论"，为交通战疫"铸根基"

党支部全体党员干部始终坚持政治引领，深入学习习近平总书记关于新冠肺炎疫情防控工作的重要讲话和批示指示精神，坚持每月梳理习近平总书记关于交通国际合作工作的重要论述，以"三会一课"、主题党日活动、特色联学等为载体，努力做到学习跟进、认识跟进、行动跟进，着力打造党员理论学习"先锋队"，切实把思想和行动统一到以习近平同志为核心的党中央决策部署上来，确保党支部战斗堡垒及党员先锋模范作用不断增强。

（二）聚焦"党建+文化"，为交通战疫"送温暖"

新冠肺炎疫情初期，在国内防疫物资短缺的情况下，党员同志率先利用海外资源和渠道采购筹集一批口罩、额温枪等防疫物资，切实维护职工生命安全和身体健康。同时，疫情隔离期间，支部建立"一对一"关心帮扶机制，做到"隔离不隔爱，隔离不隔责任"。此外，党支部始终心系交通疫情防控一线，组织开展"巾帼同心，'声'援抗疫，爱心助力"活动，录制"致敬最美逆行者"视频，向奋战在疫情防控一线的战士们致以最诚挚的问候和最崇高的敬意。

（三）聚焦"党建+研究"，为交通战疫"献智慧"

全体党员同志坚持率先垂范，带动全体研究人员响应党中央号召、迅速开展研究行动，撰写了《交通运输疫情防控工作的国际经验及启示》等一系列高质量的研究报告，对防止疫情蔓延和保障运输畅通提出了政策建议，其中多篇报告得到了部领导批示。此外，为掌握世界交通发展形势、保障我国物流供应链畅通，支部积极高效及时地追踪了国际海事组织等16个国际组织关于维护全球物流稳定的应对举措，以及全球130个国家采取的交通限制政策，为部领导和部供应链专班提供第一手参考材料。

（四）聚焦"党建+研讨"，为交通战疫"搭平台"

针对新冠肺炎疫情在全球蔓延，支部党员同志主动作为，先后组织召开了两期"物流供应链"国际在线研讨会，邀请了美国、英国、德国、瑞士、巴西交通专家和万国邮政联盟、国际道路联盟、国际航空运输协会、世界经济论坛、中国社会科学院行业代表参与研讨，撰写的《关于共建全球物流供应链信息共享平台的有关建议》也再次得到了部领导批示，为保障货物能够"进的来、出的去"贡献了智慧力量。同时，还会同社科院边疆所举办了"中国—阿富汗—巴基斯坦基础设施互联互通合作研讨会"，为推进我国与各国互联互通、促进全球交通合作贡献力量。

三、工作启示

（一）坚持政治引领，提高政治能力

始终把政治建设摆在支部工作首位，引导全体党员干部时刻铭记党员身份，增强政治意识，不断提高政治判断力、政治领悟力、政治执行力。

（二）坚持狠抓队伍，锤炼过硬本领

持续实施模范机关建设的"五个十"行动，加快建设一流国际合作研究员队伍，筑牢转型升级发展的基础。

（三）坚持强基固本，建强组织堡垒

认真落实《关于新形势下党内政治生活的若干准则》，严格执行"三会一课"、主题党日等基本制度，规范党内生活，确保组织生活制度化规范化。

以构建"654321"党支部工作体系为抓手 切实提升支部标准化规范化建设水平

交通运输部路网监测与应急处置中心
联网结算服务部党支部

一、案例背景

交通运输部路网监测与应急处置中心联网结算服务部主要承担收费公路联网收费联网运营和服务工作,现有党员26人,设6个党小组。近年来,党支部以加强标准化规范化建设为抓手,不断提升组织力和凝聚力,探索建立了"654321"党支部工作体系,在承担取消高速公路省界收费站等多项重大攻坚任务中积极发挥了支部战斗堡垒作用和党员先锋模范作用。

二、主要做法

(一)"六抓六促"激发支部组织力战斗力

一是抓政治建设,促政治功能。严格落实"三会一课"制度,确保规定动作一丝不差、关键环节一步不漏。加强支部政治文化建设,规范党员政治行为,把严肃政治纪律作为根本要求,扎实推进"三基"建设，引导党员增强"四个意识"、坚定"四个自信"、做到"两个维护"。

二是抓思想建设，促理想信念。始终坚持以习近平新时代中国特色社会主义思想为指导，持续加强和改进党员教育工作，构建"深学常学实学"机制，推动理论学习"入脑入心入行"。开展"晨读一刻"领学活动，举办"共建连心桥"座谈会、"奋进百年路 启航新征程"知识竞赛、青年读书会等丰富多彩的支部活动，将思想教育落到实处、取得实效。

三是抓组织建设，促战斗堡垒。抓好支委班子建设，按期完成换届选举，持续激发队伍活力。党支部始终把打造一流人才队伍摆在重要位置，2021年5月筹备换届选举时，支部青年党员占比超过80%，经支委会研究决定增设青年委员。为更加密切联系群众，充分发挥团委、工会的桥梁纽带作用，2022年6月增补群工委员。

四是抓作风建设，促先锋模范。牢固树立为人民服务的宗旨意识，持续开展"我为群众办实事"实践活动，着力解决人民群众"急难愁盼"的出行问题，打造出行服务新模式。创新开展"榜样在身边"职工交流活动，引导党员树立标杆意识，以榜样为鉴，向榜样看齐，营造建设模范机关创先争优的良好氛围。

五是抓纪律建设，促党风廉政。强化日常廉政教育，开展"纪律严明正风气，作风优良守初心"专题党课，组织"正风肃纪零容忍，警钟长鸣守廉洁"主题党日活动等，督促党员群众洁身自好，做到"筑牢防线、守住底线、不越红线"。

六是抓制度建设，促标准规范。坚持以制度建设为先导，持续提升标准化规范化管理水平，借助ISO9000质量管理体系认证工作，梳

以构建"654321"党支部工作体系为抓手 切实提升支部标准化规范化建设水平

理规章制度,明确职责分工,规范业务流程。开展专题培训,积极宣贯制度规范,建立健全监督机制,加强规范管理,确保落实到位。

(二)"五个亮明"提升党员责任感、使命感

一是亮明党员身份。党员在工作期间亮明党员身份、党员岗位,激发党员"先锋"意识。

二是亮明党员岗位。党员工位亮明岗位标识,激励党员充分发挥带头作用。

三是亮明党员职责。支部建设"党建园地",亮明党员职责,亮明党员承诺。

四是亮明党员形象。党员工作中佩戴党徽,"党员风采"和支部活动照片上墙,亮明党员形象。

五是亮明党旗党徽。发展党建文化,建好"党员之家",亮明党旗、党徽。

(三)"四微党建"开展常态化学习交流

一是"微周刊"。每周推送一期,内容涵盖上级决策部署、党建与业务工作进展、特色组织生活、先进人物事迹等,搭建"比学赶超"的微平台。

二是"微课堂"。党员线上线下互动,确保主题党日活动一个党员不落下。常态化开展内部培训,举办"周五大讲堂",学习贯彻党的路线、方针、政策,邀请专家现场授课、推荐职工分享交流等,党员课后可在微信群或钉钉办公软件中查阅"微课堂"自学。

三是"微感言"。设立感言墙,建立在线交流平台,在支部内部和省市之间沟通学习体会,统一思想、振奋精神。

四是"微视频"。设立微视频平台,以展现党建成效、工作实绩为主要内容,提振队伍士气,打好部门名片。

(四)"三个在前"发挥党员先锋模范作用

一是想在前。带动党员主动思考在前,提前谋划工作,找准问题关键点估计足分析透,做到时时成竹在胸,事事成功在握。

二是干在前。激励党员工作完成在前,发扬实干精神,做到立说立行、只争朝夕,在紧张有序的工作中确保工作质量和效率。

三是冲在前。鼓励党员勇挑重担在前,始终保持高度的紧迫感和责任感,无畏急难险重工作任务,充分发挥模范带头作用。

(五)"两个联学"抓党建促业务

一是与其他部属单位党支部及地方交通部门党支部开展联学联创。支部与省级撤站工作承担单位、服务对象党支部开展联学联建活动,拓宽党员发挥作用的渠道,推动党建与业务深入融合发展。组织青年职工分批次参加"学党史、悟思想、强业务、促发展"一线调研工作,通过有组织、有计划地安排职工在省中心、基层管理单位等加强锻炼,全面提升党员和群众队伍综合素质。

二是与其他相关行业党支部开展联学联创。建立以"联"为载体、以"学"为重点、以"创"为关键、以"促"为目标的联学机制。通过向其他相关行业党支部取长补短、互相促进,凝聚党建合力、促进业务发展。2021年5月,支部与邮储银行开展"党建共建聚合力,党史共学促发展"主题联学联建活动,赴顺义区焦户庄地道战遗址纪念馆参观学习,组织11名党员过"政治生日",讲入党故事。

（六）"一套标准"推进标准化支部建设

形成一套完整的支部工作制度。从政治、思想、组织、作风、纪律等方面规范制度，汇编完成《联网结算服务部党建工作制度（试行）》，推动支部标准化管理。

三、工作启示

持续完善"654321"支部工作体系，有效提升党支部标准化规范化建设工作水平。

一是必须突出作用导向，聚焦强化政治功能，提升组织力、战斗力，旗帜鲜明树立发挥党组织战斗堡垒作用和党员先锋作用的导向。

二是必须融入中心工作，做到党建与业务工作深度融合，标准化党建才有支撑力、生命力。

三是必须注重质量效果，紧盯支部班子建设、党员队伍建设，严格落实"三会一课"等制度，注重激发内生动力。

四是必须坚持与时俱进，把握好立足实践、把握规律、深化认识的过程，既要遵循党章党规党纪，也要体现改革创新、与时俱进，避免标准固化。

构建"青淞四学"新模式
促进海事青年理论能力不断提升

吴淞海事局青年理论学习小组

一、案例背景

截至目前，吴淞海事局40周岁以下青年职工共计189人，占全局职工总数的64.07%，青年在海事事业发展中的生力军作用越来越凸显。同时，近90%青年从事一线执法岗位，长期倒班的工作制度导致青年工作压力加大，因此青年思想政治引领比以往任何时候都更加迫切和艰巨。近年来，吴淞海事局青年理论学习小组坚持以"青淞"青年工作品牌为指引，通过构建"青淞四学"新模式，推动习近平新时代中国特色社会主义思想在海事青年中走深走实。

二、主要做法

（一）坚持"青淞领学"，打造"大班+小班"双课堂

一是以上率下，上好"大班"集中课。深入学习贯彻落实习近平总书记关于青年工作的重要指示精神，邀请班子成员为青年理论学习小组上专题党课，组织全局性理论学习研讨活动3次，重点学习习近平总书记在庆祝中国共产主义青年团成立100周年大会重要讲话、在

构建"青淞四学"新模式 促进海事青年理论能力不断提升

中央党校中青年干部培训班开班式上系列重要讲话等,引导青年打好理论"桩"、补足精神"钙"。

二是统筹推进,上好"小班"专题课。为解决倒班青年众多导致的集中学习难度大问题,各班组、各轮艇利用交接班时间,组织开展"短而精"的青年骨干微论坛10余次,将读原著、学原文、悟原理同海事业务专业条线相结合,真正做到学得深、学得实、全覆盖。

(二)坚持"青淞讲学",用好"线上+线下"双平台

一是线上发力,把握青年思想传播规律。以吴淞海事短视频平台为主阵地,创新开辟《青淞话党史》系列微党课,选拔培养了一批政治坚定、善于传播党的理论主张的青年领话员,开展键对键、屏对屏的网上宣讲。目前已发布15期短视频,最高浏览量近3万。

二是线下开花,促进党的理论深入基层。以青年教员志愿团队建设为有力抓手,以党史学习、交通强国、海洋强国为主题,累计开展进校园、进暑托班、进岛屿宣讲活动20场次,覆盖学生800余人次,得到社会各界的广泛认可,以讲带学、学以致用的良好氛围不断形成。

(三)坚持"青淞研学",畅通"读书+行路"双载体

一是在"读"上下功夫,开展"阅读马拉松"修身活动。全局青年通过"读书日打卡""感悟季随笔""演说年汇报"的规定动作,完成"马拉松"式阅读体验,形成课题研究报告12篇,其中8篇获评"全国交通运输文化建设优秀论文",青年理论素养不断增强。

二是在"行"上下功夫,有效整合区域红色资源。精心设计青年专属"红色地图",包含"淞沪铁路吴淞站遗址""吴淞开埠纪念广场""宝山区抗击新冠肺炎疫情主题图片展"等12个红色点位,组织

新时代交通运输部系统党支部建设典型案例

"行走的党课""红色打卡"活动3次,青年理论思维不断拓宽。

(四)坚持"青淞比学",促进"理论+实践"双融合

一是以赛促学,检验青年理论学习成效。组织开展青年党史知识挑战赛,引导青年把党史学习教育与学习贯彻习近平新时代中国特色社会主义思想紧密结合,全面掀起青年党史学习热潮。遴选优秀青年参加上海海事局青年党史知识挑战赛,荣获团队二等奖,2名青年获评"青年理论学习标兵"。

二是以学促行,扎实开展青年建功行动。结合"我为群众办实事"实践活动,贯彻落实上海海事局"十四五"发展规划,制定青年岗位建功系列活动方案,通过开展主题团日、承诺践诺、青年文明号互学互访、精品案例评选等活动,鼓励青年立足岗位建功立业,营造比学赶超、逢旗必夺的浓厚氛围。

★ 吴淞海事局参加吴淞街道"四史"学习教育暨《吴淞红色地图》发布仪式

构建"青淞四学"新模式　促进海事青年理论能力不断提升

三、工作启示

通过构建"青淞四学"青年理论学习新模式，吴淞海事青年在常学常新中加强理论修养，在真学真信中坚定理想信念，在学思践悟中牢记初心使命，在细照笃行中不断修炼自我，在知行合一中主动担当作为，为吴淞海事高质量发展贡献了积极力量。抓好青年理论学习小组建设，要在做好常规工作的基础上，聚焦深化实施青年理论能力提升工程，探索开展青年理论学习小组运行机制等方面的课题研究，组织开展青年理论学习小组学风建设主题活动，加强各青年理论学习小组组长业务培训和经验交流，制定青年学习标兵、优秀青年理论学习小组等方面的评选办法和标准，进一步推进青年思想政治引领工作落地见效。

建设"五型"党支部
堡垒坚强又稳固

天津海事局直属机关党委

一、案例背景

随着交通强国、海洋强国等国家战略的深入实施,海事在国民经济和社会发展全局中发挥的作用进一步增强。基层党支部作为党的组织体系的基本单元,在推动海事全面履职和高质量发展方面发挥着至关重要的作用。天津海事局围绕如何发挥党建引领作用,聚焦解决党支部建设标准化、规范化和促进党建与中心工作的深度融合,创新提出了"五型"党支部建设并取得显著成效,《天津海事局扎实打造五型党支部》在《紫光阁》上刊载,"五型"党支部创新案例荣获全国"十佳百优"党建创新成果奖,成为交通运输系统唯一获奖案例。

二、主要做法

(一)聚焦提高站位、增强本领,建设"学习型"党支部

始终坚持以习近平新时代中国特色社会主义思想为指导,牢牢把握党员思想教育引领这个基础,采取专题式、菜单式、课题式、调研式等学习方法,依托党支部"三会一课"、主题党日等抓好党员日常

建设"五型"党支部 堡垒坚强又稳固

教育，筑牢思想根基。充分利用延安、西柏坡等红色资源，组织开展党支部书记和党务干部培训；借助外脑"学真经"，邀请专家学者开展特色培训；创新党支部学习形式，推出"四个讲堂"，即学校讲堂、互动讲堂、流动讲堂、线上讲堂，进一步提升了党员的政治判断力、政治领悟力、政治执行力。

（二）聚焦执法为民、服务群众，建设"服务型"党支部

以党建工作为引领，发挥海事专业优势，认真落实习近平总书记视察天津港重要讲话精神，牵头5家部属驻津单位建立服务天津港世界一流港口建设"5+1"协同联动机制，合力助推天津港转型升级。以"为民办实事"为着力点，针对群众"急难愁盼"问题，确定12件为民实事，制定37项落实举措，将"问题清单"变成"实事清单""满意清单"。构筑立体化、多层次、全覆盖的党建服务体系，涌现出郭明义爱心团队、"津港紫薇花"等团队，打造了"易诚政蓝"政务服务品牌，实现服务群众"零盲区""零待时"。

（三）聚焦打造亮点、争创一流，建设"创新型"党支部

坚持把业务工作中的重点、难点作为党建与业务工作的最佳创新点，推动党支部作用发挥最大化，实现党建和中心工作相互促进。下好区域党建"一盘棋"，牵头组建"津港先锋"党建联盟，助推天津口岸高质量发展。优化"互联网+党建"新模式，创建"津沽海事"新媒体工作室，发挥新媒体传播优势，赋能"指尖上的党建"。丰富党建工作平台，推出了"1234"支部工作法、党建"微课堂""书记项目"等优质载体。创新基层党建沟通模式，组建党建联络员队伍，激活基层党建的"神经末梢"。

(四)聚焦规范管理、夯实基础,建设"标准型"党支部

引入质量管理体系理念推进党建工作科学化管理,推出"一清单两手册",即"党支部工作清单",涵盖6个指导性文件、17个基础制度的《"五型"党支部指导手册》以及涵盖组织生活流程标准和执行标准的《"五型"党支部实用手册》,给支部工作装上"北斗导航"。制定了《天津海事局"五型"党支部考核管理办法》,按照工作成效,将党支部分为达标、示范、精品3个等级进行管理,做到统一标准、统一落实、统一考核,实现了党支部工作由"提要求"到"抓标准"的飞跃。

★ 天津海事局荣获"党建创新成果展示"百优案例

(五)聚焦强化监督、深化教育,建设"廉洁型"党支部

将严肃党内政治生活、加强党内监督等要求融入党员廉政教育,推进"蓝海清风"廉政文化建设,开展廉洁家庭、警示教育、党性党

风教育活动，引导党员干部廉洁从政。建设廉政教育基地，通过生动的廉政教育载体，进一步增强党员的红线意识和底线思维。建立"伴随廉政"工作机制，加强对党员的全方位、全过程监督。开展"蓝海"廉洁之星评选，组织"廉洁使者基层行"活动，用身边事教育身边人，营造浓厚的廉政氛围。

三、工作启示

一是抓基层党组织建设要坚持围绕中心。党建与业务犹如车之两轮、鸟之两翼，只有深度融合、同向同力，才能行得更稳、飞得更高。

二是抓基层党组织建设要坚持问题导向。围绕基层党组织建设的难点、痛点、堵点，找准切入点和突破口，明确开展党支部工作的程序和标准，才能聚焦关键、把握方向、突出成效。

三是抓基层党组织建设要坚持久久为功。基层党组织建设工作面广、量大、线长，推进好这项伟大工程，绝非一朝一夕，需要持续用力、常抓不懈、久久为功。

开展模拟法庭活动 创新学习教育方式贯彻习近平法治思想

辽宁海事局法规规范处（执法督察处）党支部

一、案例背景

为深入学习贯彻习近平新时代中国特色社会主义思想，贯彻习近平法治思想，推进落实海事依法行政工作，提高党员干部执法规范意识和执法风险意识，不断树立党员干部的公正、法治和敬业精神，结合辽宁海事局党员干部在实施《辽宁海事局行政检查裁量基准》过程中可能面临的执法风险，法规处党支部创新学习教育方式方法，在海事系统内首次组织开展了刑事诉讼模拟法庭活动（以下简称模拟法庭），为全局党员干部呈现了精彩的支部法治学习实景课。

二、主要做法

（一）类比真实刑事案件，剑指党员干部行政执法工作实务

模拟法庭围绕"玩忽职守罪"展开，针对与党员干部实施《辽宁海事局行政检查裁量基准》执法行为相关联的危害结果进行控辩质证。《辽宁海事局行政检查裁量基准》是海事系统在行政检查裁量控制领域的先行先试制度，是致力于实现"职责明确性"和"清晰性"

开展模拟法庭活动　创新学习教育方式　贯彻习近平法治思想

的实践探索。辽宁海事局通过行政检查裁量基准为执法人员搭建理解、贯彻法律规范和内部规定的系统思维，划出规范履行职责的清晰底线。为全面贴近海事一线党员干部工作实践，模拟法庭筹备组成员发扬敬业精神，查阅并整理了一百余篇案件判决书。从中筛选出三十几篇以玩忽职守为案由，涉及海事执法人员的刑事案件，以此作为案情编辑的参考，以保证模拟案情真实、诉讼焦点清晰的效果。

（二）精准复刻庭审流程，党员干部全程参与庭审现场

模拟法庭严格依据现行刑事案件的审理规定设置审理流程，分为庭前准备、宣布开庭、法庭调查、法庭辩论和评议宣判五个环节。模拟法庭的审判长、审判员、书记员、公诉人、辩护人和被告全部由辽宁海事局党员干部担任。邀请大连海事法院法官全程指导，辽宁海事局机关全体工作人员、各分支局分管法制工作局领导及法制部门负责人于庭审现场旁听。在法庭调查和法庭辩论环节，分别承担控辩角色的党员干部共提交各项证据材料七十余份，并就《辽宁海事局行政检查裁量基准》制定的合规性、执法机构抽象职责与执法人员具体职责的关系、危害行为与危害结果的因果关系等案情焦点进行了充分辩论。

（三）聚焦法治现场体验，推动党员干部法治意识增强和执法观念转变

模拟法庭首次从刑事审判角度对海事执法人员的执法行为进行审查。通过模拟法庭，使全局党员干部熟悉了司法审判实际流程；通过全面剖析海事执法工作，向党员干部充分展现了海事执法风险点；通过法庭角色扮演，让党员干部能够站在不同角度，全面审视海事执法工作。相比以往行政诉讼类模拟法庭活动，刑事诉讼类模拟法庭更具

教育、警示和震慑作用。通过组织党员干部"亲身""亲历"模拟法庭活动，既丰富了党员干部的法律知识，也提升了强化责任担当和依法履职尽责的法治意识和规范意识，切实增强了党员干部秉公用权、依法行政的思想自觉和行动自觉。

三、工作启示

一是新颖的方式方法更具吸引力。通过模拟法庭的形式，既能够广泛调动党员干部的参与积极性，也能够有效增加直接参与"讲课"活动的党员干部数量，还切实增强了作为学员听众的党员干部的学习热情。

二是紧贴工作实务的内容更具感染力。模拟法庭选择海事一线党员干部的日常执法活动及其可能涉及的危害后果为对象，有效增强了党员干部的共情感受，让党员干部更容易将自己摆到案例中学法用法。

三是鲜活的司法案例更具说服力。模拟法庭内容源于对真实司法案例的整理和提炼，案例中的事件、人物都能够在参与的党员干部脑海中形成鲜活的形象，案例的过程、结果和反映出的法治思维问题更易被党员干部接受。

坚持三个"守" 展现三颗"心"
让党旗在疫情防控斗争第一线高高飘扬

营口鲅鱼圈海事处党支部

一、案例背景

突如其来的新冠肺炎疫情席卷全球,给海事安全监管工作带来了新的挑战,如何加强船员自身防护,防止人员流动造成交叉感染;如何提升重点物资运输船舶进出港效率;如何在异常严峻的防控措施下保持水上安全监管不断不乱,这都是摆在鲅鱼圈海事人面前的难题。

疫情就是命令,防控就是责任。面对猛烈袭来的疫情,鲅鱼圈海事处党支部坚决贯彻落实上级党组的部署要求,切实履行疫情防控和海事监管服务双重政治责任,充分发挥党组织战斗堡垒作用和党员先锋模范作用,全力以赴筑牢疫情防控和水上安全双防线,让党旗在疫情防控斗争第一线高高飘扬。

二、主要做法

(一)守土有责,展现保障安全的决心

疫情发生后,鲅鱼圈海事处党支部严格落实各项防控措施,盯牢安全防线,用实际行动彰显一线堡垒"战斗力"。

新时代交通运输部系统党支部建设典型案例

一是推出海事疫情"云监管"新模式。充分利用 CCTV，甚高频等信息化手段对船舶进行远程信息核查，对危险品作业船舶远程安全监管，保障船舶现场检查工作正常开展。增加执法人员参与视频监控值班，实时掌握辖区码头作业动态，掌握外籍入境船舶人员流动情况，进一步强化信息预报预警，提升安全风险防范防控能力。

二是深化联防联控，加强口岸单位的信息沟通与共享。面对水上疫情输入的复杂形势，鲅鱼圈海事处党支部主动担责，不断加强疫情联防联控工作，开展口岸单位间的信息沟通与共享，交流疫情防控经验和措施，坚决遏制疫情境内境外海上输入风险，严把船岸传播风险的关口，确保疫情防控期间辖区口岸正常运行和船舶航行安全。

（二）守护有我，展现为民服务的初心

疫情面前，鲅鱼圈海事处党支部始终坚持"想在需求之前、帮在求助之前、解决在抱怨之前"的服务理念，主动靠前、精准施策，确保为民服务"不打烊"。

一是履职尽责，保障民生通道畅通。民生物资运输畅通是打赢疫情防控阻击战的坚实基础，鲅鱼圈海事处党支部组织成立"青年突击队"，在冬季冰期，数次乘坐海巡船执行破冰护航任务，成功保障多艘运输防疫、民生物资船舶顺利抵港。在春运、春耕等重点时段和时间节点，充分发挥船舶和港方桥梁纽带作用，保障粮食、电煤等重点民生物资运输畅通，实现疫情春季农业生产物资水上运输"零待时、零阻碍、零风险、零干扰、零延时"。

二是开通疫情期间线上培训平台。结合辖区航运企业、申报单位最关心的热点、工作难点开展线上培训，先后开展《国际海运危险货

坚持三个"守" 展现三颗"心"
让党旗在疫情防控斗争第一线高高飘扬

物规则》新版修正案解读、辖区常见货物申报注意事项、辖区供受油作业监管注意事项、新《中华人民共和国海上交通安全法》解读等多次培训，合计参培人员400余人次。通过线上"面对面"、零距离的培训方式，破解了疫情期间无法大规模聚集的空间限制难题，拓展了授课渠道，通过线上互动、答疑，也加深了相对人对相关知识的掌握。

三是深入交流，切实解决船员最关心的问题。鲅鱼圈海事处党支部依托"徐翰华创新工作室"，加强中国籍船员政策疏导工作，通过制作防疫手册、宣传小视频等方式指导船员做好个人防护，指定专员解答船员关于证书到期办理、船员换班等问题。针对外籍船员，鲅鱼圈海事处制作了英文版防疫指南，协助外籍船员处理防疫过程中遇到的困难，加强同海关等联检部门的联动协作，切实做好联合管控和服务工作。

（三）*守好阵地，展现战胜疫情的信心*

鲅鱼圈海事处党支部广大党员把疫情防控作为践行初心使命的生动实践，在疫情防控一线"亮身份、当先锋、作表率"，积极展现战胜疫情的信心。

一是连续奋战，展现海事党员使命担当。疫情严重期，部分职工因小区封闭隔离无法到岗时，鲅鱼圈海事处在岗党员主动坚守一线，吃住在值班室、轮班开展24小时电子巡航，确保监管力量在线、责任在肩。

二是冲锋在前，凸显海事青年无私奉献。疫情发生后，根据社区安排，海事青年纷纷请缨，加入志愿服务队，他们克服困难，帮助工作人员维护秩序、开展卫生消杀、积极倾听居民诉求、向过往群众宣传科学防疫知识、劝导群众佩戴口罩、登记小区出入人员信息、查验健康码……鲅鱼圈海事青年跑出了海事人在大战大考面前的"速度"、彰显了海事人在责任面前的"力度"、展示了海事人服务群众的"温度"。

★ 展海事铁军风采　做党的二十大精神的忠诚践行者

三、工作启示

（一）坚持监管服务创新，是打赢疫情防控斗争的有力武器

疫情防控给海事工作带来新的要求，这就需要有新的对策，新的变革，才能保证水上安全持续稳定。鲅鱼圈海事处从监管和服务两方面创新举措，现场实施有难度，就开展远程检查，企业申报有困难，就开展远程指导。安全监管上堵漏洞，企业发展上纾困难，在防控疫

坚持三个"守" 展现三颗"心"
让党旗在疫情防控斗争第一线高高飘扬

情政策上打通监管服务两条动脉,得到了地方政府与相对人的一致好评,被证明是行之有效的好办法。

(二)坚持党员引领群众,是打赢疫情防控斗争的有效途径

党员是基层海事队伍的优秀群体,是急难险重任务前的主力军,在疫情防控斗争中,鲅鱼圈海事处党员干部冲锋在前,凭着无私奉献、舍小家为大家的精神筑起了水上疫情防控的坚固屏障。但党员毕竟是少数,如何充分发挥党员示范引领作用意义重大。鲅鱼圈海事处通过建立党员先锋队、青年突击队,加强先进典型宣传,引导群众向党员看齐、向身边的优秀榜样看齐,是一条值得借鉴的经验。

推动党建与中心工作深度融合 让"党旗在北戴河监管服务一线高高飘扬"

秦皇岛北戴河海事联合党支部

一、案例背景

秦皇岛北戴河海事联合党支部成立于2018年2月,前身为北戴河海事处党支部,现有党员24人,支部委员4人。近年来,在河北海事局党组、秦皇岛海事局党委的坚强领导下,支部直面机遇和挑战,立足党建、感召使命、创新思路,按照秦皇岛局党委"每个支部一座堡垒,每位书记一面旗帜,每名党员一个火炬"的党建要求,确定了"五个一"的党建目标,要求党员发挥五个先锋作用,不断开创党建工作的新局面,先后荣获全国青年文明号、交通运输部系统先进基层党组织、交通运输系统"两学一做"先进基层党组织、省直五四红旗团支部等表彰。

二、主要做法

(一)坚定"红心向党",促组织政治建设呈现新气象

支部以建设"让党中央放心、让人民群众满意"的模范机关为目

推动党建与中心工作深度融合
让"党旗在北戴河监管服务一线高高飘扬"

标,加强组织建设,突出党组织政治功能,层层落实党风廉政建设主体责任,督促领导干部履行"一岗双责"。加强党建工作谋划,研究制定年度党建工作要点,严格落实"三会一课"、民主评议党员等党内组织生活制度,按标准完成党员党费收缴和管理等。结合重要节日节点,开展主题党日、"政治生日"等活动,增强党支部凝聚力。党史学习教育开展以来,支部科学谋划部署,成立工作专班,创造性开展"百日微视频"党史学习教育活动,打造"百年党史学习教育走廊",实现党史学习教育全覆盖,营造良好党史学习氛围;同时制定了《"我为群众办实事"责任清单》,其中在河北海事局相关职能部门的大力支持下,开办了辖区小型海船船员适任培训班,填补了辖区旅游船艇公司船员需求缺口,得到了辖区游艇公司的一致好评。2022年,支部一名同志荣获"直属海事系统建设模范机关先进个人"称号。

(二)抓实"同心共建",促党建业务融合形成新格局

积极探索党建工作和业务工作同向而行、同频共振的方法路径,充分发挥党支部战斗堡垒作用和党员先锋模范作用,促进党建与业务深度融合。自2019年开始,支部便组织党员成立了"旅游旺季党员突击队",突击队全体党员勇于担当、冲锋在前,带头参与到旅游旺季最急难险重的任务当中,以实际行动履行着"忠诚、挚爱、担当、笃行"的秦皇岛海事旅游旺季工作精神。2022年旅游旺季备战期间,支部组织青年党员成立了"戴海先锋一线突击队",充分发挥青年党员生力军的作用。"守护戴海,勇当先锋",青年党员同志以实际行动捍卫辖区水上安全,以忠诚担当和无私奉献筑起一道水上安全监管的碧海长城。

(三)坚持"潜心育人",促思想素质提升呈现新面貌

支部强调学习型组织建设,强化思想政治引领,深入推进学习教育常态化制度化,通过周例会、党员大会集中学习和"学习强国"学习平台日常学习相结合的方式,深入学习贯彻党的十九大和十九届历次全会精神,领导干部带头学,全体党员跟进学,提升全员学习动能,切实把思想和行动统一到党中央决策部署上。尤其注重抓好青年政治理论学习,引导全处青年深刻领悟"两个确立"的决定性意义,着力加强青年队伍思想淬炼、政治历练、实践锻炼和专业训练,组织青年及时学习最新理论并做好学习记录,开展跨部门联学走访调研,开展"一封家书""线上家访"活动,扣好青年廉洁从政的"第一粒扣子",引导青年同志耕耘好"小家"、奉献于"大家",形成党建带群团、群团促党建的良好局面。在党建引领下,多名党员同志先后荣获河北海事局"两优一先"优秀共产党员、河北海事局优秀青年等称号。

三、工作启示

秦皇岛北戴河海事联合党支部将不断丰富党建与海事中心工作的融合载体,并在实践中加以深化和落实。

一是以促进党建工作与海事中心工作融合为目标,精心设计开展各种活动,搭建融合载体。

二是不断探索在新时代加强和改进基层党组织建设的新思路、新方法,实现党建工作与海事中心工作的主动融入、有效切入,进一步增强党组织的发展活力,为高质量发展提供坚强组织保证。

推动党建与中心工作深度融合
让"党旗在北戴河监管服务一线高高飘扬"

三是结合特色党建品牌创建、党员示范活动，树立先进典型，引导党员成为道德高尚、勤学善思、爱岗敬业、开拓创新、团结和谐、廉洁自律的模范，让全体党员以各项活动为依托，自觉行动起来，充分发挥先锋模范作用，吹响"让我上"的号角作表率，奏响"让我干"的旋律挑大梁，擂响"让我来"的战鼓打头阵，让党旗在基层一线高高飘扬！

★ 临时党支部授旗仪式

构建监督促廉、制度保廉、文化育廉"三位一体"廉政工作模式

日照岚山海事处党支部

一、案例背景

日照岚山海事处为直属海事系统正处级派出机构,全处现有干部职工39人,其中党员31人。该处辖区共有7个码头公司,生产性泊位38个,近三年来到港商船均保持在5000艘次以上。经营单位多、水上施工项目多、船载货物风险性高是辖区面临的突出特点。为有效防控海事行政执法面临的廉政风险,日照岚山海事处党支部坚持以监督促廉、制度保廉、文化育廉,构建"三位一体"廉政工作模式,一体推进不敢腐、不能腐、不想腐,营造风清气正的干事创业环境。

二、主要做法

(一)坚持监督与教育并重,筑牢"不敢腐"的堤坝

一是推动"两个责任"一体落实。建立党风廉政建设主体责任和监督责任"两个清单",与上级纪委派驻纪检组协同配合、形成合力。落实谈心谈话制度,重要节点前以集中约谈与个别谈话相结合的方式开展廉政提醒。深入开展"三访"(政风走访、执法回访、明察暗访)

活动，定期对拒收礼品礼金、执法效果进行分析，密切掌握廉政形势。

二是提升廉政教育警示效能。将廉政教育作为党支部"三会一课"、主题党日和通勤班车"移动课堂"重要学习内容，支部书记和派驻纪检组长定期讲廉政党课。常态化开展"以案明纪"、警示教育现场教学活动，通过反面案例教学督促职工时刻绷紧廉政弦。

三是坚持执纪执法监督融合。建立执纪监督和执法监督联合检查机制，派驻纪检干部常态化参与执法督察工作，全程参与海事处船舶安检滞留、重大案件处罚的集体研讨等环节，实现检查信息共享、结果共用。

（二）坚持以制度管人管事，织密"不能腐"的防线

一是完善内部管理制度。定期更新《廉政风险防控手册》，建立行政处罚全过程审核、内部执法督察"三查一评"、执法音视频"3+1"抽查、执法风纪"红黄牌"等制度。推广使用"政风评议二维码"，邀请管理和服务对象在执法活动结束后无记名"扫码答卷"提出意见和建议。制作《执法记录仪规范使用宣教片》，进一步规范执法言行和流程。

二是强化重点领域防控。为有效防控船舶安全检查工作各关键环节中存在的廉政风险，创新推行"双随机、一静默、全程留痕"工作制度，避免出现帮助逃避检查或"预约式"检查等情况，实现选船过程公开透明、执法期间关机"静默"、检查缺陷依法处理、执法记录仪全过程记录，确保执法过程公正、独立，有效规避廉政风险。

三是优化外部执法环境。针对到港船舶习惯性递送礼品礼金、个别代理人员假借海事名义索要钱物等情况，自2016年10月以来，岚山海事处与所属船舶到港次数较多的20余家航运公司共建政风建设

"直通车",畅通海事与船东的联系沟通渠道,及时反馈船舶行为、听取公司意见,宣传《防范外部影响海事廉洁执法工作规定(试行)》等规定,强化内部管理与外部监督"同向发力"。

(三)坚持特色廉政文化引领,营造"不想腐"的氛围

一是突出廉政品牌引领。创建"岚海清风"廉政文化品牌,总结"廉洁是岚山海事发展的生命线"核心理念,建立"123456"廉政文化体系,通过"一园"(廉政文化主题公园)、"一馆"(廉政文化数字展览馆)、"一册"(廉政文化手册)和"一片"(廉政文化宣传教育片),让廉政教育温润持久,让廉政理念深入人心。近年来,岚山海事处先后获"全国海事系统廉政文化示范单位""全国交通运输廉政文化建设优秀单位"等荣誉称号。

二是深化家庭助廉机制。深化"亲情嘱廉、家庭助廉"工作机制,建立"家庭助廉"微信群,经常性开展廉政文化和良好家风展播,经常性开展案例警示教育,经常性展示职工风采,广泛组织"一封家书寄廉洁""我的家风故事"等活动,建立起党支部与职工家属间的沟通桥梁,补强"八小时外"教育监督环节,建设良好家风。

三是加强廉政典型培树。制定《岚山海事处典型培树方案》,明确廉政典型培树的重要意义及具体办法、标准,深入挖掘身边廉洁执法典型的先进事迹,树立廉洁、公正、文明的良好社会形象,引导职工向现有身边廉政典型学习,让廉洁从政意识入脑入心。

三、工作启示

"不敢腐、不能腐、不想腐"贯穿纪律、法律、制度、规矩、道

构建监督促廉、制度保廉、文化育廉"三位一体"廉政工作模式

德要求，是不可分割的整体。在实践中，日照岚山海事处党支部总结得出：教育监督是连接"不敢"与"不想"的重要纽带，是"三不"一体推进的"基础工程"，需要支部班子与纪检部门同心协力，落实好"两个责任"；制度建设是推进"不能腐"的根本保证，要确保权力的"笼子"越织越密、越扎越紧，同时还要贴合业务工作特点，与业务制度衔接融合；特色廉政文化要发挥"育"的作用，抓好家风教育，挖掘身边典型，叫响文化品牌，将廉政意识由单一方向传导转向多维度养成。日照岚山海事处党支部把一体推进"三不"的理念贯穿于海事工作的全过程、各方面，贯彻"全周期管理"理念，畅通内在联系，推动形成整体合力，努力实现效应叠加。

★ 岚山海事处组织召开家庭助廉座谈会

以"蓝丝带"党建品牌为载体打造人民满意海事政务窗口

宁波海事局政务中心党支部

一、案例背景

宁波海事局政务中心是直接服务港口和海洋经济发展的行政服务窗口，主要负责宁波辖区船舶、船员、通航和危防等政务事项的办理，年均政务办理量超15万件。党支部现有党员18人，党员占比达90%。数年来，政务中心党支部寓支部建设于优质政务服务中，锐意创新，敢于担当，逐步铸就了享誉系统内外，兼具党建特色和海事元素的"蓝丝带"党建品牌，并以此为载体，凝"心"聚"力"，秉承"心系蓝海、情牵港航"的品牌理念，努力实现"群众满意，走在前列，助力'一带一路'倡议"的品牌目标。

二、主要做法

（一）正身聚心强定力，砥砺高素质政务团队

坚持党建引领，诠释品牌建设理念，不断增强党员政治定力，锤炼一支以实现"树立窗口标杆，引领政务发展"品牌愿景为己任的政务服务先锋队。"蓝丝带"团队创新应用"云上党建"APP，打造多

以"蓝丝带"党建品牌为载体　打造人民满意海事政务窗口

线程党员学习交流平台,"把支部建在网上,将党员连在线上",及时把握党员思想动态。开设"党员讲堂",举办"书记读书会",撰写"履职感悟",定期组织"检讨课",不断总结提炼政务工作中的经验得失,从而提升团队的服务意识。支部党员竞逐系统内外党建、廉政、演讲、文艺汇演等各类竞技比武,屡获佳绩,营造出力争上游、逢旗必夺的境界氛围,塑造出敢为人先、勇于担当的精神品格,持续积聚支部"堡垒"的正能量。"蓝丝带"相关经验做法得到上级党组织的肯定,所在支部荣获"交通运输部系统先进基层党组织"、浙江海事局"精品支部"和宁波市"先进基层党组织"等称号,"蓝丝带"获评宁波市首届优秀机关党建品牌,并获推参加第二届全国党建创新成果展示,吸引了系统内外各类团体络绎不绝前来交流。

(二)惠民暖心挖潜力,建设人民群众满意窗口

坚持以群众需求为导向,探索品牌建设方法,将党支部建设与服务港航、奉献社会的工作宗旨相结合,切实推动党建、业务深度融合、同频共振。"蓝丝带"团队逐年逐步解决了如证书到期提醒、微信端申报、申请材料异地核验、双向邮寄等群众"急难愁盼"的问题。升级"最多跑一次"为"就近跑一次",相继实施了帮办服务、午休值守、延时服务、政务直播等十余项多元化、人性化服务举措,持续提升企业群众获得感。将业务工作中的热点、难点问题纳入支部"我为群众办实事"承诺清单,相关案例获推参评宁波市"我为群众办实事"最佳案例。目前政务中心年平均政务办理时间较法定时限压缩了70%以上,"零上门"政务量达90%以上,行风建设得到上级部门和群众普遍认可,获评交通运输部系统建设模范机关先进集体。新冠肺

新时代交通运输部系统党支部建设典型案例

炎疫情期间,"蓝丝带"团队党员干部挺在前,坚持窗口日日办、容缺办、邮寄办,以高效政务办理助力企业复工复产,荣获"宁波市抗击新冠肺炎疫情先进单位"。

(三)聚焦中心再蓄力,发挥辐射示范效应

充分发挥党员先锋模范作用,创新品牌建设机制,着力政务办理模式革新。由"蓝丝带"团队所提炼的《海事政务办理服务规范》已在全国海事系统实施,团队党员骨干赴全国多地海事机构讲解授课,积极推进全国海事政务系统规范化服务进程,成为全国海事系统政务办理服务的标准制定者和模范践行者。全国首创"一船多证一次通办"服务机制,实现同一船舶的所有证书、文书"多件事一次办",并联合船级社、港航部门及银保监会强化业务协同和数据共享,建立了跨行业协同政务服务新模式。相关改革获评第二届中国(浙江)自由贸易试验区最佳制度创新案例,"蓝丝带"品牌工作成效得到中国水运报、浙江卫视、宁波电视台等主流媒体关注报道,示范引领效应显著。

三、工作启示

(一)目标同向、工作同力是推进党建与中心工作深度融合的首要前提

要将业务工作中的热点、难点转化为党建工作的切入点、融合点,将党建"软指标"转化为工作"硬成效",确保两者一同谋划、一同部署、一同落实、一同检查。

(二)抓在平常、融入日常是推进党建与中心工作深度融合的关键因素

党建工作机制、党建团队建设要始终精准对接业务发展所需和群

以"蓝丝带"党建品牌为载体　打造人民满意海事政务窗口

众诉求所指，在日常工作中渗透融合、相互促进、久久为功，才能把党的政治优势、组织优势转化为工作发展的不竭动力。

（三）建设品牌、优化载体是推进党建与中心工作深度融合的有力抓手

积极运用品牌建设的理念、方法和机制，探索符合时代要求、特色鲜明、内涵丰富的党支部建设新路子，充分发挥党建品牌的辐射和示范带动作用，在推进交通强国建设中走前头、作表率。

以"一队三园五抓手"工作法激发党员凝聚力、向心力和战斗力

舟山普陀山海事处党支部

一、案例背景

舟山普陀山海事处主要负责进出我国四大佛教名山之一的普陀山水上客运安全监管工作。党支部现有正式党员 11 人。近年来，支部全面落实基层党建工作责任制，积极创新基层党建工作方法，构建"一队三园五抓手"模式，有效促进基层党建和海事业务工作的融合，激发党员凝聚力、向心力和战斗力，为海事全面履职提供坚强组织保障，获评舟山市直机关"优秀支部工作案例"，并获得全国交通系统先进集体、全国海事系统文明执法示范窗口、全国青年文明号、全国模范职工小家、浙江海事局先进基层党组织等荣誉。

二、主要做法

（一）成立红色先锋队，发挥党员先锋模范作用

以"传承红色基因 护航水域平安"为主旨，以全体党员为骨干，成立"海天佛国护航人"红色先锋队，严格执行《浙江海事局客渡运船舶安全监督管理规定》《浙江海事局客渡运船舶安全监督管理

操作手册》工作要求，在重大节假日及香会节等大客流时段冲锋在前，立足客运现场监管，严把客船开停航关，做好景区应急疏客工作，严厉打击海上违法行为，全面消除辖区水上风险隐患，全力保障辖区水上安全形势持续稳定，在庆祝中华人民共和国成立70周年维稳安保、新冠肺炎疫情防控、"平安护航建党百年"等活动中发挥了重要作用。持续提升志愿服务温度，该处巾帼文明岗"海浪花"监管服务队在客流高峰时段积极开展志愿服务，切实维护游客生命财产安全，展现海事良好形象。党员干部始终坚守为民初心，发扬连续作战、无私奉献的优良作风，持续深化海事客运监管特色服务，2021年成功保障1500多万游客平安进出普陀山，助推地方旅游经济健康发展。

（二）打造"三个园地"，凝聚干事创业精气神

一是建设主题公园。在海事处办公区域内通过文化上"墙"，打造以"海事人·党建情"为主题的党建公园，时刻提醒党员"学党史、知党情、跟党走"，传承红色基因，赓续红色血脉，努力践行"一名党员就是一面旗帜，一个支部就是一座堡垒"的目标。同时，将主题公园作为每一名党员过"政治生日"的场所，形成浓厚政治仪式感。

二是完善党群家园。创新构建"一标语墙、一书橱、一书架、一多媒体屏、一谈心桌、一支部二维码"的"六个一"标准，定期组织党员开展形式多样的学习活动和党员、群众结对帮带活动，成为宣传党的方针政策、团结党员群众、加强思想政治建设的重要阵地。

三是构建网络学园。依托处党建微信群和腾讯视频会议建立网上学习场所，纵向拓展课程深度，发布更新学习课件，横向拓宽课程广

度，鼓励广大党员利用碎片化时间开展自学，结合"学习强国"学习平台学习资源，打造在线学习新体验，推动理论武装入脑入心，队伍廉政不出事。

(三)落实"五个抓手"，保障水上客运安全

一是以"一指南、两手册"为抓手，构建特色客运安全管理体系。研究制定《普陀山水域客船安全航行指南》《客船单船手册》和《客船船员履职技能培训手册》，积极推进建立航运公司安全管理体系，督促客运企业落实主体责任，引导客船持续提升安全管理和营运水平，抓好水上客运本质安全。

二是以客船综合演习和客船船员技能大比武活动为抓手，提升客船应急管理能力。紧盯辖区客运船舶安全风险，针对性开展客渡船防碰撞、客船主要故障等科目的应急演练，连续三年常态化开展客运企业船员大比武，有效提升客渡运公司船员和岸基履职能力、综合应急处置能力。

三是以客渔船分道通航管理为抓手，构建特殊时段客渔船防碰撞机制。推动属地政府在沈普水道实行特殊时段渔船让行客船的分道通航机制，开渔节、台风离境等大量渔船集中出港时段，对沈普水道实施临时交通管控，有力破解了辖区水上客运安全管理"痛点"。

四是以水上客运安全综合治理为抓手，构建跨部门联合执法协作机制。依托地方政府，加强各部门执法联动，红色先锋队采取夜间伏击等错时执法手段，持续加大对非客船载客和非法放生行为打击力度，并敦促政府加强对全岛码头堆场管控，从源头上消除了渔船非法载客从事海上放生行为，目前辖区非客船载客现象已基本杜绝。

五是以客船精准分析差异化监管为抓手，提升水上客运本质安全

水平。滚动更新客船安检和现场检查发现缺陷问题数据库和客船航行轨迹动态数据库，持续完善普陀山水域到港客船赋分机制，根据不同星级的评定结果开展差异化管理，实现海事部门客运安全监管质效和客船船员业务水平双提升的目标。

★ 舟山普陀山海事处党员在党建公园开展"党的光辉历程"学习

三、工作启示

抓好"一队三园五抓手"工作法，党员队伍是关键，是激流勇进的一艘"船"，勇于冲锋在前、吃苦担当，不断发挥党员干部的先锋模范带动作用；"三园"阵地平台是"加油站"，丰富学习形式，强化理想信念教育，为党员们补足精神食粮，规范廉洁从政，指明前进方向；五大抓手是"港湾"，结合辖区实际，不断促进党建与业务的融合，做到党建与业务同谋划、同部署，不断丰富"党建＋"的内涵，有效激发党员凝聚力、向心力和战斗力，更好保障航行安全、水域清洁，更好服务交通、奉献社会。

构建"1122"工作法
推进党建与业务深度融合

福建海事局机关党委

一、案例背景

坚持党建引领,找准定位,确保正确方向,推动党建和业务深度融合,是全面推进机关党建高质量发展的关键。福建海事局机关党委牢牢把握新时代党的建设总要求,结合海事工作实际,坚持维护核心、保障中心、凝聚人心的工作思路,积极探索党建工作新举措,构建"1122"党建工作法,进一步找准定位、深化内涵、创新举措,推动机关党建工作与业务工作深度融合,有效破解党建工作与业务工作"两张皮"的问题。

二、主要做法

(一)一会双报

在局党组层面,持续实行"一会双报"制度,即机关各处室(支部)负责人在机关月度例会上必须同时报告本部门上个月业务工作和支部工作情况,以及本月的两个方面工作计划安排,认真落实"一岗双责",切实履行党建与行政双重职责,确保全面从严治党各项任务

构建"1122"工作法 推进党建与业务深度融合

落实到位。

(二) 一份清单

在机关党委层面，持续推行月度党建重点工作清单制度，即机关党委每月统筹近期重要政治理论学习热点、上级重点工作部署、廉政教育、支部书记上党课、主题党日等内容，形成月度党建重点工作任务清单，发送机关各支部参照执行，推进机关党建工作标准化科学化运行。同时结合任务责任清单和台账制度，机关各支部建立健全"一个手册""两个记录""四类档案"等清单和台账，由支部书记统筹安排，支部党员每人每年至少独立承担一项党建工作，着力营造人人关心党建、人人参与党建的良好氛围。

(三) 两会并开

在机关党支部层面，持续实行"两会并开"制度，即各处室每月相对固定日（一般为局月度例会后第一个工作日）召开处务会和支部党员大会，组织学习、部署工作、民主议事、思想交流，推动党建工作与业务工作同部署、同推进、同检查、同落实。科学统筹党建与业务工作，找准结合点，把业务工作中的"热点""难点"问题作为支部党建工作的切入点，充分发挥党员干部积极性和创造性，共同推动解决，促使党建工作有效融入中心工作。

(四) 双轮驱动

建立了以模范机关建设为核心的涵盖"政治好、学习好、服务好、堡垒好、作风好、廉洁好"目标的"六好模范处室"考评体系，以及以提升组织力为核心的涵盖基本组织、基本队伍、基本活动、基本作用、基本制度、基本保障"六个基本"的"达标创星"评价体系，初步形成了双轮驱动的考评激励机制。实行不定期的季度考评，考评小组根据《福建海事局机关"六好模范处室"考评指标体系》，通过现场检查、征求相关部门意见、查阅党建台账资料、结合"达标创星"标准和党建品牌建设要求进行考评。同时实现"同步考核""双向运用"，把考核结果运用到干部管理、评先评优、表彰奖励上，与干部选拔任用有效衔接，与干部奖惩直接挂钩，与干部日常管理充分融合，通过结果运用、奖优罚劣、激励鞭策，激发干部干事创业的精气神。

三、工作启示

一是党建工作意识更强。"1122"党建工作法充分调动"一把手"（支部书记）的积极性，树立"领头雁"意识；充分发挥"一班人"（支部委员）的主动性，齐头并进，主动参与各项党组织赋予的任务，认真落实把握方向、服务中心、建设队伍、引领群众的职责。

二是党建工作氛围更浓。"1122"党建工作法充分调动机关"所有人"（党员干部）的参与性，切实增强党员干部的政治意识、责任意识和创新意识，主动建言献策，以学促思、以思促干、以干促进，形成了比学赶超、人人参与党建的良好氛围。

三是工作成效更明显。"1122"党建工作法的运用，有效指引了机关各支部导好航、把好舵，做到年度有计划、月度有安排、工作有载体、落实有督查，促使机关党建与业务工作深度融合。

以"港湾卫士"品牌建设为抓手推动党建与业务工作深度融合

湛江海事局霞海海事处党支部

一、案例背景

随着广东湛江市加快建设省域副中心城市、全力打造现代化沿海经济带重要发展极，地方经济将进入快速发展期。按照湛江市发展规划，湛江湾将逐渐建成以文化旅游为主的生态休闲区，大型邮轮、私人游艇、水上体育赛事活动等将成为新的监管重点。为更好地服务地方经济社会发展，霞海海事处通过打造"港湾卫士"党建品牌，用品牌理念引领发展大局，用品牌标准建设执法队伍，用品牌模式提升监管效能，用品牌机制提高服务质量，推动支部党建与安全监管"双主业"深度融合，守护湛江港湾平安畅通。

二、主要做法

（一）突出政治统领，夯实安全发展思想根基，培树立场坚定、对党忠诚、政治优秀的"忠诚卫士"

牢牢把握海事"政治机关"的根本属性，教育引导党员始终做到旗帜鲜明讲政治。注重加强理论武装，严格落实"第一议题"制度，

新时代交通运输部系统党支部建设典型案例

高标准落实"三会一课",聚焦学习贯彻习近平总书记系列重要讲话精神和重要批示指示精神,推动"两学一做""不忘初心、牢记使命"主题教育和党史学习教育"三个常态化",促进党员学习入脑入心、走深走实。注重创新学习形式,用好党课、集中学习等传统学习方式,用活微党课、党史知识竞赛、红色教育资源、重温入党誓词、先进典型和退休老党员讲党课等方式,教育引导全体党员深刻领悟"两个确立"的决定性意义,增强"四个意识"、坚定"四个自信"、做到"两个维护",不断增强政治判断力、政治领悟力、政治执行力,着力打造立场坚定、对党忠诚、政治优秀的"忠诚卫士"。

(二)聚焦素质培养,提升为民服务过硬本领,培树技能精湛、人民信赖、业绩优异的"安全卫士"

把党的领导贯穿海事工作全过程,做到海事业务覆盖到哪里,党建工作责任就延伸到哪里,党员走到哪里,党组织的力量就辐射到哪里。通过网格化模式,合理划分党员责任区,建立"清单任务"机制,每周制定《一周执法安排表》,按照党带群、老带新、强带弱的搭配模式,分别设立码头组、南油组、海巡(应急)组、动态智慧监管组4个党员执法小组,由党员领导干部任组长,明确各个执法小组的工作职责和每项业务工作流程,持续推进重点工作任务落实,有效推动党建与业务同频共振,不断锤炼技能精湛、人民信赖、业绩优异的"安全卫士"。

(三)践行党的宗旨,树牢为民爱民利民情怀,培树勇于担当、善作善成、服务优质的"服务卫士"

充分发挥党建品牌的示范引领作用,以优质党建提供优质服务。

以"港湾卫士"品牌建设为抓手 推动党建与业务工作深度融合

设立"党员先锋岗"、成立"党员先锋队",倡导党员干部在春运保障、疫情防控、防抗热带气旋、应急处置、专项整治活动等急难险重任务中"亮党旗、亮党徽、亮身份",让辖区广大群众充分感受党的温暖。开通物资运输保通保畅"绿色通道",党员先锋队为电煤、粮食等重点民生物资提供快捷、专业、高效服务。成立重点项目专项攻坚小组,强化对南三岛大桥、广湛高铁湛江湾海底隧道、中海油海上开采平台等重点工程的专业指导,致力打造安全与服务精品工程,在人民至上的伟大实践中锻造勇于担当、善作善成、服务优质的"服务卫士"。

(四)筑牢廉政防线,严守廉洁自律从政底线,培树纪律严明、清正廉洁、作风优良的"廉洁卫士"

一是抓学习教育到位。坚持党风廉政教育学习日制度,及时跟进学习习近平总书记关于党风廉政建设的重要论述和重要指示批示精神,组织观看典型警示案例,进一步筑牢思想防线。

二是抓责任落实到位。层层签订《党风廉政建设责任书》《党风廉政建设承诺书》,坚持每季度党员对照检视制度,严格执行党风廉政建设定期研究、定期汇报制度,确保责任落实。

三是抓监督提醒到位。派驻纪检组定期开展监督工作,落实廉政谈心谈话机制和重点提醒机制,加强元旦、春节、"五一"、端午、中秋、国庆等重要时间节点提醒监督,严防收受电子红包、接受行政相对人吃请和高消费娱乐活动等"四风"隐形变异问题。

四是抓防控机制到位。严格执行《湛江霞海海事处廉政风险防控工作手册》,科学运用监督执纪"四种形态",实施内部轮岗及查处分离制度，推进防范外部影响海事廉洁执法行为制度落实，不断建设纪律严明、清正廉洁、作风优良的"廉洁卫士"。

三、工作启示

（一）党建品牌必须与海事监管深度融合

党建为魂，业务为魄，魂魄融合才能确保党的事业健康发展。霞海海事处坚持问题导向，把解决监管重点难点问题作为创建党建品牌的基本抓手，把创建党建品牌作为提升海事监管服务水平的有效途径，达到了党建与业务双强双促进的目的。

（二）党建品牌必须永葆初心常擦常亮

创建党建品牌不是一时之功，提供人民满意的海事监管服务不是短期之力。霞海海事处坚持把品牌创建经验逐步积累上升为可复制、能推广的机制制度，通过建立长效机制不断擦亮品牌、改进工作，获得了显著的工作效益和社会效益，受到群众的广泛赞誉。

（三）党建品牌必须以点带面循序渐进

品牌建设是一项系统性、综合性的工程，不能贪大求全、贪功冒进。霞海海事处坚持从基础工作入手，重点在短板、弱项、空白处发力，采取做精一点、点亮一片的方法，锚定目标，稳扎稳打，单位党建亮、监管好、融合深的良好工作局面已基本形成。

以 "12345" 工作法为抓手推动基层党建高质量发展

东莞麻涌海事处党支部

一、案例背景

东莞麻涌海事处党支部现有党员 14 名，下设 2 个党小组。近年来，党支部坚持以党建工作为引领，探索实施 "12345" 党建工作法，在聚焦主业中忠诚履职，在为民办实事中实干担当，推动党建与海事工作深度融合，有效解决 "两张皮" 现象，实现了党建提速、安全提级、服务提质的良好局面。

二、主要做法

（一）强化一个表率

强化处长、支部书记 "一肩挑"，压实 "一岗双责"，发挥 "领头雁" 作用。强化支委战斗堡垒核心，在 "急难险重" 任务前，支委带头作表率，始终做到 "让我上"，冲锋在前，营造 "千斤重担大家挑，人人肩上有指标" 的氛围。

（二）抓住两个关键

一是抓好思想政治工作。把牢开关抓教育，坚持每周班子中层碰

> 新时代交通运输部系统党支部建设典型案例

头会;每月处务会与"三会一课"紧密衔接、同频共振。落实好谈心谈话制度,支部书记与支委、支委与联系党员每年不少于4次的"一对一"谈心谈话。

二是抓好党员教育管理。开展"学好党史资料、讲好党史故事、践好入党志愿、抓好共建联学、办好群众实事"为主线的"五好"行动,激励党员干部忠诚干净担当。

(三) 把握三个注重

一是注重处理好党建与中心工作的关系。创设了广东省首家"水上交通违法行为行政处罚示范点",首创了行政处罚"电子缴费"、行政处罚案件"指尖办理",实现了行政处罚由线下现场向线上远程转变。开辟了煤炭、粮油、化肥等重点民生物资运输"绿色通道",确保了亿吨大港的高效运转。

二是注重把握好党建工作开展的时机。建设华南地区首个"船员驿站",创建广东省"幸福船员小屋",推动麻涌医院成为东莞首家海船船员健康体检机构,帮助船员申请广东省船员技能提升补贴,减轻了船员的经济负担,诠释了"善待船员"为民情怀。助推地方政府在麻涌河建设水闸,助力华阳湖环境综合整治荣登"美丽中国先锋榜",让昔日东莞"龙须沟"驶上5A级国家湿地公园"快车道"。

三是注重选择好党建工作开展的载体。推动105艘砂石船购买防碰桥梁险种,开创了全国首个险种先河。推动建成全国首个水上限高架,保障了广深高速珠三角大动脉最大民生工程的畅通。

(四) 增强四个能力

一是增强把好方向的能力。把好"方向盘"、用好"指挥棒"、树

以"12345"工作法为抓手　推动基层党建高质量发展

好"风向标",做到"守一方水土、保一方平安"。

二是增强学习实践的能力。开展"先行·水韵"讲堂、"师带徒——五韵五学"平台,营造"人人皆可成才、人人尽展其才"的生动局面。

三是增强开拓创新的能力。找准党建促进中心工作的"最大公约数",在内容和形式上不断创新和深化,把支部建设"软实力"转变为推动发展"硬实力"。

四是增强攻坚克难的能力。创建党员责任区,由党员带头在"隐患清零"行动中啃"硬骨头",变"安全风险区"为"党员责任区",变"党员责任区"为"安全示范区"。

(五) 形成五个机制

一是"一岗双责"考评机制。处长、支部书记一肩挑,忠诚履职尽责,强化责任担当,将"一岗双责"责任扛在身上。

二是党员服务管理机制。制定首问负责制度、一次性告知制度、一站式服务制度等服务标准。

三是党员积分管理机制。党员干部的一言一行都被量化到积分中,实现了党员"小积分"发挥管理"大作用"。

四是党员预警管理机制。细化批评、诫勉、提醒等预警程序,营造"以廉为荣,以贪为耻"的氛围。

五是支部质量管理机制。以支部标准化建设示范点创建为契机,以党务质量体系为抓手,规范开展支部工作。

三、工作启示

一是党建引领,擦亮底色。通过打造党建与中心工作深度融合的

新时代交通运输部系统党支部建设典型案例

"红色标杆",党员干部的党性意识不断增强,干事创业的责任心持续激发,做到"支部一面旗、党员一盏灯"。特别是新冠肺炎疫情发生后,党员干部率先返岗、连续在岗、勇挑重担,坚持疫情防控与安全监管双线作战,全力保障辖区水上交通安全稳定,实现港口经济逆势开门红,彰显了党员的先锋模范作用和支部的战斗堡垒作用。

二是攻坚克难,充分释放。通过"战疫情、防风险、保安全、护稳定",着力建设四个"铁一般"海事队伍。在疫情防控、防台防汛、监管一线,做到"党旗飘在一线、堡垒筑在一线、党员冲在一线"行动,履职能力得到充分提升、安全监管得到充分保障、海事影响得到充分提高、党建力量得到充分释放。

三是奋楫争先,成效显著。通过聚焦"党建、安全"两大主业,以高水平党建保障中心工作高质量开展,以高质量中心工作体现高水平党建成效,实现"墙内开花墙外香"。先后荣获广东海事局基层党建示范点、东莞市"服务型党组织精品示范点"等荣誉,成为直属海事系统扎根在东莞西北大门水域的一面旗帜。

夯实安全圆心　延伸党建半径 画出党建保障渡运安全监管 最美"同心圆"

佛山南海海事处党支部

一、案例背景

佛山南海海事处辖区水网密集、渡口众多，分布着全市最大的两道车客渡口——海寿与平沙渡口，日渡运量近万人次。面对渡运量大、风险高、主体责任落实难等问题，如何牵牢渡运"牛鼻子"，把党建力量释放到渡运安全监管的主战场，成为支部攻坚新课题。

南海海事处党支部坚持以习近平新时代中国特色社会主义思想为指导，精准把握党建和渡运安全监管的切入点，创新党建"四个延伸"机制，探索"党建+渡运"新模式，打造了特色鲜明的"最美乡村平安渡"党建品牌，有力提高了党建保障水上交通安全监管水平。

二、主要做法

(一) 组织优势向一线延伸,构筑"渡运命运共同体",战斗堡垒"一体发力"

南海海事处党支部找准党建和发展的共同点,坚持阵地联建,与南海交通、海寿村委三方结对共建,印发《共建"最美乡村平安渡"党建品牌工程实施方案》,签订《共建协议书》;坚持理论联讲,建立"组织生活融入""议事决策融入""载体搭建融入"三个平台,不断强化党组织政治功能;坚持机制联立,组建"1+3"党建矩阵,构建上下联动、条块结合、合力推进的机制,形成同频共振的党建新格局,促成全社会共筑渡运安全"命运共同体",取得了"1+1+1>3"的效果。

(二) 品牌效应向一线延伸,创建"最美乡村平安渡",党建品牌"一马当先"

面对渡口设施陈旧、环境脏差、秩序混乱等问题,南海海事处党支部把创建"最美乡村平安渡"与"以人民为中心"的发展理念紧密结合,让阻挡群众出行的水路成为乡村振兴的"致富渡""连心渡"。管理实现"高质量"。建立三方联席会议制度,推进党建和渡运安全监管同部署、同落实、同检查、同考评。文化实现"高品质"。高标准建设"红色驿站"党群服务阵地,帮扶海寿村"和园、德园、诗园、康园"建设,丰富群众文化生活。渡口实现"高颜值"。扎实推进"四美"渡口建设,扮靓渡口新景观,打造党建文化长廊,助力"最美乡村"建设,促进岛上生态旅游经济蓬勃发展。

夯实安全圆心　延伸党建半径
画出党建保障渡运安全监管最美"同心圆"

（三）创先争优向一线延伸，培树"党员志愿服务队"，党员群众"一呼百应"

南海海事处党支部以先锋工程为抓手，牵头成立"党员志愿服务队"，把做好渡运安全监管作为党员党性锤炼的生动实践。在党员教育中锤炼过硬本领。互相开放党员活动场所，定期开展主题党日、结对交流学习，开展技能大比武、应急大演练等活动，提高党员党性意识和渡运治理能力。在创先争优中培树先进典型。设立"党员示范岗"，开展"最美渡工"评选表彰，先后涌现出"海事铁锚"周任帮、"战疫先锋"周龙腾、"最美渡工"区广元等一批先进典型。在爱心接力中当好"摆渡人"。开展"海事开放日""水上交通安全知识进校园"活动，十二年如一日护航开学首日学生渡，护送近50万名学子安全到岸。在志愿服务中践行初心使命。创新开展"党群服务接待日"活动，"点单式"做好渡运安全培训，"结对式"服务渡船、渡工，用实际行动做群众的贴心人。海寿渡口作为全国唯一的"东盟渡口渡船平安渡运示范区"样板渡口，已承接来自越南、老挝、柬埔寨等10个东南亚国家5批近200人次专家、海事官员到访学习。

（四）攻坚力量向一线延伸，创新"渡口管理新模式"，监管难题"一网打尽"

面对渡口管理粗放、事故风险较高等特点，南海海事处党支部牵头成立党员攻坚小组攻克监管难题，打通渡运安全监管"最后一公里"。坚持法治为先，帮助渡口经营人建立"航行八要""九不开船""十不装载"等渡口内部安全管理制度，建立健全区镇村三级

新时代交通运输部系统党支部建设典型案例

及渡船的安全责任制,落实渡运安全管理主体"责任田"。坚持善治未病,为渡船全面"体检"并开出"诊疗方案",给渡船涂装橙黄色"安全服"。坚持智能辅治,建设渡口智能监控和乘客计数系统,创新用电子航标在渡船航线上下游水域设置渡口"斑马线",30余家省市交通、海事系统单位前来学习,优秀经验推向全国。坚持标本兼治,更新改造老旧渡船及渡口码头,建设"气象灾害预警发布屏",为渡口提供精准服务。坚持源头共治,建立突发事件处置协作机制,完善客渡船应急处置及旅客滞留应急疏散预案,渡运高峰期党员联合值守,共建"最美乡村平安渡"。12年来,安全运送旅客3600多万人次、汽车200多万车次,实现了渡运"零事故""零污染""零伤亡"的目标。

★ 南海海事处党支部在渡船上开展"重温入党誓词　争做水上卫士"主题党日活动

三、工作启示

(一) 夯实"本质安全"

推动地方累计投入 3000 多万元,为辖区海寿、平沙渡口各新建 3 艘桥架式车客渡船;累计投入 4000 多万元改造渡口码头、增设人车分流装置和乘客智能计数系统,渡运安全基础进一步夯实。

(二) 创新"融合路径"

通过创建"最美乡村平安渡"党建品牌,探索实践了"党建+渡运"新模式,形成了党建与业务相融互动的有机结合,推动基层党建从单打独斗向协同发力、从自我封闭向相互融合的转变。

(三) 助力"乡村振兴"

充分发挥两个作用,助力"和园、德园、诗园、康园"乡贤文化建设,打造"环境美、平安美、风尚美、人文美"的"四美渡口",登岛旅客年突破 30 万人次,岛上旅游经济蓬勃发展,有力地推动了乡村振兴,提高了群众的获得感和幸福感。

打造"红船"品牌走前列作表率 加快脚步建设"四强"党支部

广西海事局机关第五党支部

一、案例背景

广西海事局机关第五党支部现有党员9名,其中,厅级局领导1名;支部党员来自本局党组工作部(组织处)、机关党办(工会办)、政务中心等3个部门;支部委员会现有委员3名,设书记1名,副书记兼纪检委员1名,组织兼宣传委员1名。2018年以来,该党支部以习近平新时代中国特色社会主义思想为指导,在党建实践中探索创建了"红船"政治文化品牌,先后获得"交通运输部系统先进基层党组织""自治区直属机关先进基层党组织""直属海事系统先进基层党组织"等荣誉称号,支部党员相继获得"交通运输部优秀党务工作者""广西区直机关优秀共产党员"以及"直属海事系统优秀党务工作者"等荣誉称号,支部2020年在广西区直机关"四强"党支部建设论坛上作为典型代表做经验交流。

二、主要做法

（一）稳扎稳打抓政治，夯实"红船堡垒"走前列作表率

做好党员思想政治建设，坚持以党员需求为导向，以提升支部班子做思想工作能力为关键，通过"三会一课"、主题党日、微党课、廉政提醒等方式，引导支部党员提升政治思想觉悟。把对党员的政治要求与加强人文关怀结合起来，落实谈心谈话和思想形势分析制度，想办法把思想工作做到党员心坎里、要求体现在党员行动中。

总结形成了"4381"的党建工作方法并贯穿支部党建全过程，即秉承党建业务距离要"短"，党员群众互动要"频"，任务执行速度要"快"，责任担当作风要"实"四大工作原则；按照支部党建"融入人心立根基""融入业务把方向""融入基层强示范"的工作方法；练就党员学习本领、政治领导本领、改革创新本领、科学发展本领、依法执政本领、群众工作本领、狠抓落实本领、驾驭风险本领八种本领；打造一支人民群众满意的富有特色的服务型、学习型、创新型基层党支部队伍。

（二）丝丝入扣抓队伍，坚定"红船信念"走前列作表率

着重发挥支部班子整体功能和建设，让"领头雁"领起来。突出问题导向，强化班子成员"一岗双责"，明确支部委员职责和年度工作，确保"软指标"变为"硬任务"。压实支部书记全面从严治党主体责任和纪检委员的监督责任。大力发挥青年支部委员先锋模范带头作用，加强对占支部党员50%的青年党员的思想引领、实践引领和创新引领，加快支部青年党员成长成才。

新时代交通运输部系统党支部建设典型案例

实行清单化管理，覆盖支部全体党员，确保支部党员"人人头上有责任，个个肩上有任务"，助推党建工作"脱虚向实"。与党员签订《党建工作责任书》，党员自主策划主题党日、微党课等党建任务，从日常党建工作中提升党员政治能力和政治素养。制定实施《中共广西海事局第五支部党员积分制管理试行办法》，对党员实行积分管理，建立党员个人"红色积分卡"，切实推动党员义务明晰化、先锋评价公开化、考核管理痕迹化，采取定性评价与量化考评相结合的方式，实现党员日常管理服务的科学化、规范化和精细化，为"做合格党员"定基线、划红线、明底线。

在"三会一课"规定动作的基础上，探索形成了独具特色的"一个主题+一种形式+一段体会+一次生日+一段誓言+一次党费"的"六个一"主题党日模式。开展"抗'疫'有我，党旗飘扬""追忆历史不忘初心　凝聚力量砥砺前行"等40余期主题党日活动，并将成果编纂"红船"党支部政治文化手册。先后与自治区机关事务管理局综合管理处（保卫处）党支部、南宁青秀区津头社区党支部、南宁海关卫生检疫处党支部等10余个单位基层党组织分享"红船"党日模式。

（三）久久为功强作用，汇聚"红船力量"走前列作表率

在广西海事局政务中心设立"党员先锋岗"作为"红船"支部品牌成果实践阵地，打造为民服务的"先锋队"。结合党史学习教育"我为群众办实事"，创新开展"高效政务、助力营商"活动，发布政务服务"马上办网上办就近办一次办"清单、"一件事一次办"套餐，行政审批实际办结时限压缩50%以上，惠及近10万船员。

推动青工妇等群团组织紧贴中心，在联系群众、凝聚人心方面发挥重要作用。发动党员支持团委成功承办交通运输部海事局第三期"青春梦想　海事未来"海事青年行，组织开展纪念五四运动100周年等系列活动；支持机关工会为干部职工及家庭筹集医用防护口罩，为新冠肺炎疫情联防联控提供坚实保障；支持妇委会在疫情期间组织"爱心助农　并肩抗疫"行动。

三、工作启示

建设"四强"党支部，我们深刻认识到：

一是要树牢政治机关意识，深刻领会习近平总书记关于中央和国家机关党的建设使命任务的重要论述，把旗帜鲜明讲政治作为根本要求。

二是要做到对党绝对忠诚，不断加强党的优良传统和作风教育，坚定理想信念，打造一支政治忠诚的海事队伍。

三是要强化支部班子建设，着力强化党建工作责任，提升党建工作能力，全面推进标准化规范化建设，充分发挥支部战斗堡垒作用。

四是要发挥典型示范作用，积极选树先进典型，展现新时代共产党员、党务工作者和基层党组织的良好形象和精神风貌，营造争创先进、争当优秀的浓厚氛围。

建强 "五星四铁" 红旗党支部 以人文党建为干部成长赋能

海南海事局党组工作部（组织处）党支部

一、案例背景

党员干部是党支部建设的主体，党支部的各项建设都必须通过党员干部的思想行动来体现和实践，海南海事局党组工作部（组织处）在抓支部建设过程中，突出人文要素，聚焦党员干部的能力提升，在尊重个性差异的基础上，寻求共性标准，形成了"五星四铁"红旗党支部创建目标，支部党员争做"学习星、效能星、敬业星、服务星、廉政星——五星"合格党员，合力建设"铁一般信仰、铁一般信念、铁一般纪律、铁一般担当——四铁"战斗堡垒。

二、主要做法

（一）坚持党性修养三常态，将立德和立身同步夯实

把党性修养作为支部党员的必修课，结合组织工作需要，提出了党性修养"三常态"，使党性修养成为支部党员立德和立身的基石。

一是常怀组工"六心"。把"讲政治、重公道、业务精、作风好"的组织部门自身建设要求内化于心。树牢忠心，做到以身许党、永葆

建强"五星四铁"红旗党支部　以人文党建为干部成长赋能

本色；坚守公心，做到无私无畏、公道正派；保持戒心，做到慎独慎微、慎言慎行；涵养静心，做到劳谦虚己、宠辱不惊；培育匠心，做到精雕细琢、精益求精；砥砺恒心，做到笃定前行、百折不挠。

二是常思组工"八禁"。对标组织工作纪律要求，自加压力，推行组工干部言行"八禁"。一禁妄言妄议；二禁欺上瞒下；三禁跑风漏气；四禁封官许愿；五禁弄虚作假；六禁假公济私；七禁颐指气使；八禁推诿扯皮。

三是常修组工"五力"。推进素质培养体系建设，不断增强组工干部的思想力；推进知事识人体系建设，增强组工干部的洞察力；推进选拔任用体系建设，增强组工干部的公信力；推进从严管理体系建设，增强组工干部的免疫力；推进正向激励体系建设，增强组工干部的引领力。

（二）谱写组织生活三部曲，将党务和业务有机融合

从固本强基、融入特色、同向同步入手，谱写组织生活"三部曲"，提升党支部标准化建设水平，推动支部党建和业务工作相互促进，使党支部成为干部学习提升的大熔炉。

一是固本强基，以"七日约法"规范组织生活。推行党支部组织生活"七日约法"，通过对"三会一课"、谈心谈话、主题党日设立相对固定的日期，加深了支部党员对组织生活的记忆，增强了组织生活的仪式感，提升了组织生活的规范化水平。

二是融入特色，以"练扫讲评"丰富组织生活。做好每日一"练"，即每日练习"八段锦"，涵养正气；做好每周一"扫"，即每周大扫除，营造整洁环境；做好每月一"讲"，即以月为周期讲课；

新时代交通运输部系统党支部建设典型案例

做好每季一"评",每季度对支部党员进行点评,鼓励先进、鞭策后进,携手共进。

三是力求实效,以"同向同步"升华组织生活。开展同步学习,做到支部理论学习必学组工业务;做好同步谋划,结合中心工作制定支部年度工作计划;推进同步落实,对标对表上级党组织决策部署,及时调整支部工作重心,确保工作开展到哪里,支部党员就保障在哪里。

(三) 唱响服务中心三重奏,将成事和成才一体推进

坚持围绕中心、服务大局,总结提炼出一套组工干部办文、办会、办事工作方法,将做好服务和支部党员成事成才一体推进。

一是"四步九看",办信达雅正之文。在组织部门文稿起草过程中,实行"四步九看"工作法。"四步九看"工作法降低了公文错误率,提高了公文整体质量,起到了以高质量文稿服务高水平决策的功效。

二是"两查一演",开务实高效之会。在组织部门会务组织过程中,实行"两查一演"工作法。"两查一演"工作法的实行,提高了组织部门会务组织的规范化水平,为营造务实高效的会风提供了先决条件。

三是"三人协作",成合作共赢之事。处理大事要事均由三人共同完成,三人分饰主办、协办、指导三个角色,主办主管、协办辅助、指导把关。三人分工协作的处事方式,不仅确保办事不出纰漏,同时也锻炼了支部党员的协调共事能力,为培养高素质组工干部奠定了基础。

建强"五星四铁"红旗党支部 以人文党建为干部成长赋能

三、工作启示

"五星四铁"红旗党支部以党员干部成长需求为导向,坚持以人为本的支部建设理念,以人文党建重构支部生态,在党性修养、组织生活、服务中心三个方面为干部成长赋能,将干部成长和支部建设相统一,使党员干部在火热的组织工作实践中历练和成长,使支部在党员干部同心追梦的前进过程中焕发新的生机活力。三年来,支部6名党员中,有6人次获得省部级各类表彰、10余人次获得海南海事局各类表彰;支部3次获评直属海事系统先进基层党组织,连续3年获评海南海事局先进基层党组织。

构建"333+X"党建工作体系创新基层党建新模式

连云港连云海事处党支部

一、案例背景

连云港连云海事处党支部现有党员21人,下设两个党小组。近年来支部持续创新党建模式,坚持在守正中丰富内涵,在领域中体现特色,在推动中打造亮点,持续实施"333+X"党建工作体系,把基层党支部的战斗堡垒作用、党员先锋模范作用充分体现在海事发展的各个环节,有力推动海事各项工作创新发展。

二、主要做法

(一)突出"三个引领",强劲党建工作"牵引力"

一是突出政治建设引领,树牢忠诚意识。坚持把党的政治建设摆在首位,扎实开展模范机关创建活动,持续增强党支部政治功能。深入落实"第一议题"制度,及时跟进学习习近平总书记关于交通运输、安全生产等重要论述和指示批示精神,引导广大党员进一步增强"四个意识"、坚定"四个自信"、做到"两个维护"。

二是突出支部班子引领,发挥带头作用。强化"头雁"效应,充

构建"333+X"党建工作体系 创新基层党建新模式

分发挥领导班子把方向、管大局、促落实的重要作用,努力将党的政治优势、组织优势转化为安全监管和发展优势。处领导班子持续聚焦高质量发展、竞争力提升,主动深入港航企业开展工作调研,着力解决了港作船低级船员配员等一批难点、困点、堵点问题。

三是突出思想建设引领,夯实理论基础。利用党员大会、专题讲座、网络课堂,融合现场教学、主题党日等学习各类党内法规,全面筑牢思想根基。推行"学研行"工作新机制,设置"习声回响""一线视角""同心同行"三个主题模块,强化对政治理论、海事法规研究研讨。

(二)发挥"三个作用",聚焦党建工作"向心力"

一是发挥支部示范引领作用。持续推进支部标准化建设,严格落实"三会一课"、谈心谈话、党员责任区、党务公开、主题党日等基础制度,按要求厘清责任、细化任务、完善台账,党支部各项基础工作规范有序。

二是发挥支部解决实际问题的作用。积极开展"六必访"和"六必谈"活动,及时了解职工思想动态,合理疏导职工预期,协调解决职工实际困难,稳定职工队伍。

三是发挥党建宣传风向标作用。始终把抓好党建宣传工作作为提升党建向心力的重要手段,突出央视、中国交通报、中国水运报、新华网等重点宣传阵地,认真抓好深度报道和日常宣传,向社会传递海事正能量。

(三)强化"三个保障",激发党建工作"内动力"

一是强化党员队伍保障。将党员过"政治生日"固化为常规动作，把"亮身份"作为起点，强化党员身份意识、责任意识。坚持党员冲前线，培育党员干部关键时刻冲得上去、危难关头豁得出来的工作品格，一大批党员干部投身疫情防控、极端天气防抗、重大安保等大战大考中，练就了敢于担当的"铁肩膀"。

二是强化作风建设保障。认真落实党风廉政建设责任制，加强廉政教育，持续推进海事处长讲廉政、海巡大队创廉洁、海事家属助廉洁等活动，通过常态化日常提醒、警示教育、案件通报等方式，提升队伍防腐拒变能力。

三是强化内控机制保障。持续完善内部管理制度，明确工作职责，理顺管理模式，实行部分业务工作扎口管理，初步建立起规范化、程序化的工作运转模式。

(四) 创新"党建+X"模式，催生党建与业务"双融合"

一是"党建+监管"，水上安全监管卓有成效。深化辖区安全隐患排查与治理，持续推行"3+1+N"水工监管模式，做到水上巡航、陆域巡查无缝连接，专项排查、集中整治并举，信息化监控、现场检查并行，促进巡航搜救一体化建设，确保辖区通航秩序高效稳定。

二是"党建+船艇管理"，防控风险卓有成效。积极探索从船艇自主管理到船艇外包模式下的管理方法，先后创新船艇管理"三步走""五看一使命"和"五四三二一"新响应等管理手段。建立船员考核制度，实行外委修理和船员自修相结合的修理机制和船长负责制，船艇管用养修整体管理水平达到新高度。

三是"党建+品牌"，工作活力有新提升。深入开展"桥头堡前哨"党建品牌创建，充分发挥品牌的示范作用，推动品牌创建与中心

构建"333+X"党建工作体系　创新基层党建新模式

工作相融合，切实增强支部品牌保障中心、服务大局、推动发展的实效。继承发扬"冠军劳模创新工作室"创建理念，更新丰富工作室现有载体。

四是"党建+创新"，构建形成"三联三统"新格局。以"支部联建"为基础，与连云港航标处连云管理站开展支部共建，推动各方面业务工作深度融合。以"执法联勤"为牵引，推动建立连云区海上交通安全工作协调机制，强化与海警局、海洋局、公安等部门的执法协作，加强区域海上交通安全形势研判，提升海上综合治理能力。以"组织联结"为基础，强化与本局其他党支部结对子，开展"同过一个主题党日""同开展一个党建活动"，实现活动共办、阵地共用、资源共享。

三、工作启示

一是抓好基层党建必须突出政治建设。政治功能是基层党组织的灵魂，突出政治建设是新时代党建工作的题中之义，要通过不断强化政治建设，锻炼党性，提升党员政治觉悟。

二是抓好基层党建必须强化党员队伍建设。党员是我们党的细胞，加强党员队伍建设是提升党建基础性工作，增强党的战斗力的中心环节。

三是抓好基层党建必须推动党建和业务工作深度融合。党建工作和业务工作如同"车之双轮"，推动党建工作和业务工作深度融合，是检验党建工作成效的重要标尺。部署党建工作时，要跳出就党建抓党建的误区，谋划业务工作时，要将党建工作融入其中，借党建之力，找准融合路径。

聚焦"五个过硬"
打造"五零工作法"
争做模范机关建设排头兵

北海航海保障中心办公室党支部

一、案例背景

北海航海保障中心办公室党支部承担着中心"参谋助手、综合协调、督查督办、服务保障"的职能。党支部共计10人，均为正式党员。该支部在模范机关建设过程中，结合航海保障工作实际，形成了"五零工作法"，即工作落实"零盲区"、综合协调"零距离"、服务保障"零死角"、参谋辅政"零误差"、廉洁问题"零容忍"，为开启"一流航海保障"新征程、谱写新时代交通强国北海航海保障新篇章提供坚强有力保障。

二、主要做法

（一）聚焦政治过硬，当好对标看齐的政治表率，实现工作落实"零盲区"

一是维护核心态度鲜明。始终把学懂弄通做实习近平新时代中国

聚焦"五个过硬" 打造"五零工作法" 争做模范机关建设排头兵

特色社会主义思想放在首位,坚持和捍卫"两个确立",坚决做到"两个维护",在思想上政治上行动上同以习近平同志为核心的党中央保持高度一致。

二是抓准工作落实"梗阻点"。对决策落实起阻碍、延缓、误导作用的问题进行专项跟踪督办,认真分析原因,强化各项工作的计划和统筹安排,避免推诿、撞车现象,坚决杜绝工作的迟误和错漏。

三是督查督办见实效。紧盯上级重大决策部署、重点工作、领导批示交办事项,全面实行滞后项目清单和完成销号制度。尤其是对事关全局的大事、突发性的急事,做到事事有着落、件件有回音,确保中心及本部门的年度重点工作任务落到实处。

(二)聚焦组织过硬,当好笃信笃行的规范表率,实现综合协调"零距离"

一是当好总调度和总调节。把握好协调工作的原则性、系统性、艺术性,沟通各方面信息,理顺各方面关系,化解各方面矛盾,处理好各方面问题,力求做到上下左右都满意。

二是科学规范工作流程。强化工作责任,加强规章制度"立改废",通过建立科学规范的工作制度、工作程序和工作规则,运行2.0版质量管理体系,使每项工作都有章可循,促进工作效率不断提高。

三是坚持品牌引领。通过"三型两化"党支部"达标""示范""精品"三级联创,在补短板、强弱项、固根本上持续用力,持续开展标准化规范化建设。不断擦亮中心"亮海先锋"党建品牌,提升品牌影响力。

（三）聚焦作风过硬，当好极端负责的服务表率，实现服务保障"零死角"

一是聚焦"三个服务"。建立 AB 角互补责任制，充分发挥参谋助手作用，严格落实部门内部首问负责制，建立健全办公室成员联系基层单位机制，高标准高质量做好服务领导、服务机关、服务基层工作。

二是深化为基层减负。严格贯彻落实中央八项规定及其实施细则精神要求，深化拓展"基层减负年"工作，树立长期"过紧日子"要求，把改进文风、会风和勤俭办事作为重点，确保各项减负措施落地见效。

三是做好行政后勤保障。根据中心实际，持续加强食堂、物业、车辆、交流干部生活保障，及时听取干部职工意见，为干部职工提供"贴心服务"。

（四）聚焦能力过硬，当好爱岗敬业的实干表率，实现参谋辅政"零误差"

一是提高辅助决策高度。认真学习领会交通运输部、部海事局有关决策部署要求，紧扣领导思路想法指示，多出谋划策、查漏补缺，为领导决策提供有建设性的意见和建议，做到谋在点子上、参在要害处。

二是增强依法办事能力。牢固树立法治思维，用法治思维思考问题、分析问题，用法治方式解决问题、推动工作。结合工作岗位学法、用法，严格按照法律法规、制度体系开展工作，切实做到法定职责必须为、法无授权不可为。

三是夯实"三基"建设。注重调查研究能力建设，紧扣重大决策部署和重点目标任务，确定若干项事关事业发展的重点调研选题，深入开展调查研究，收集梳理基层单位反映的意见建议，切实督促解决热点难点问题，使调研成果转化为科学决策、推动发展的新招实招，持续夯实"三基"建设。

（五）聚焦纪律过硬，当好遵规守纪的廉洁表率，实现廉洁问题"零容忍"

一是构建廉洁自律防线。对党员经常性地开展党纪党规教育和思想政治教育，在以案示警中受警醒、明法纪，在以案为戒中严对照、深检视，在以案促改中强整改、促提升。

二是加强履职风险研判。编制岗位履职清单，明确岗位风险点，并制定防控措施。对手头工作了然于胸、对信息资料保持敏锐直觉，对潜在风险科学预判，不断增强工作的主动性和预见性。

三是弘扬良好家风建设。推进党史学习教育常态化，从百年党史中传承优良家风，弘扬老一辈无产阶级革命家红色家风，把修身齐家落到实处，以良好家风促党风政风民风。

三、工作启示

模范机关建设是一项复杂的系统工程，也是一项长期的政治任务，不会一蹴而就，也不可能一劳永逸，必须凝心聚力、久久为功。在工作中需要把握好"一个总要求""两个高质量""三个下功夫"："一个总要求"就是要以党的政治建设为统领，突出走在前、作表率；"两个高质量"就是着力推进党的建设高质量和航海保障事业高质量发展，确保党建和业务工作深度融合；"三个下功夫"就是要在坚持问题导向上下功夫，在制度建设和执行上下功夫，在强化责任上下功夫。

以"四小两大"工作法促进党建工作与中心工作深度融合

东海航海保障中心宁波通信中心党支部

一、案例背景

东海航海保障中心宁波通信中心党支部(以下简称"宁波通信中心党支部")现有党员6名,承担浙江沿海的水上遇险与安全通信等工作。近年来,宁波通信中心党支部深入贯彻落实新时代党的建设总要求,扎实推进"陆海空天"一体化水上交通运输安全保障体系建设,着力构建全要素"水上大交管",立足"小微支部"实际,积极探索"四小两大"工作法,充分发挥支部政治引领作用,为水上通信安全保障出实招、破难题,实现党建工作与业务工作深度融合、同向而行。党支部荣获2020—2021年度"东海航海保障中心先进基层党组织"称号;2022年3月,被中共宁波市委组织部授予"五星级基层党组织"的称号。

二、主要做法

(一)以"小课堂"抓思想,畅通党建与业务融合"最前端"

充分利用"三会一课"、主题党日等抓手,创新开展"书记课堂"

以"四小两大"工作法促进党建工作与中心工作深度融合

示范讲、"党员课堂"轮流讲、"青年课堂"创新讲、"指尖课堂"随时讲等"小课堂"载体,坚持把习近平新时代中国特色社会主义思想特别是习近平总书记关于交通运输工作的系列重要论述等纳入学习主要内容,引导干部职工将学习融入日常、融入经常,在交流学习中提站位、解难题、拓思路、谋发展,为主责主业工作开展提质增效。

(二)以"小队伍"夯根基,实现党建与业务融合"同频率"

始终坚持主业发展到哪里,党建工作就跟进到哪里,支部的战斗堡垒作用和党员的先锋模范作用就发挥到哪里。采用"双培养"模式,把党员培养成业务骨干,把业务骨干培养成党员干部,实现党建与业务齐头并进、双管齐下。组织内部"双向交流",通过内部授课、微课题等,安排党务干部与业务干部进行岗位交流,使党务干部了解业务工作,得到更全面的成长。应对春运、两会等重大保通保畅节点,充分发挥党员引领示范作用,带头认领急难险重任务,及时传达上级精神、组织政治学习,确保党建引领无死角、全覆盖。

(三)以"小品牌"活细胞,迸发党建与业务融合"新动力"

立足支部新进青年职工专业背景不强的实际,积极发挥"雏鹰之家"支部特色品牌凝聚引领作用,把青年职工团结在支部周围,通过师徒带教、交流锻炼等加强对青年职工的锻炼培养,着力提高青年职工动手能力、实操能力,充分发挥青年生力军、突击队作用,干出主业"新高度"、跑出服务"加速度"。

(四)以"小阵地"筑堡垒,擦亮党建与业务融合"示范窗"

严格贯彻上级各项决策部署,围绕重点工作和中心工作,结合专项整治活动的开展,不断推进支部标准化规范化建设,不断增强政治功能和组织力。通过微信工作群、"学习强国"学习平台等强化道德教化功能，弘扬忠诚老实、公道正派、实事求是、清正廉洁的价值观，引导党员干部传承红色基因、发扬革命精神，践行社会主义核心价值观。认真贯彻落实中央八项规定及其实施细则精神，做好节前廉政提醒，把好节日"廉洁关"。强化舆论反馈机制，确保关键时间节点舆情安全稳定。坚持对政务微信、短视频等自媒体进行有效管理，确保发布信息准确性、有效性、权威性。

（五）以"大联盟"谋发展，拓展党建与业务融合"朋友圈"

围绕主责主业，充分发挥党建联盟载体的桥梁纽带作用，不断扩大"办实事"朋友圈。持续与海事管理部门深化党建交流，签订海事监管和航海保障一体化融合发展战略合作协议，在水上安全通信、水上无线电秩序管理、信息化应用、文化交流合作、党组织建设等方面开创海事监管和航海保障共治共享新格局，合力构建"陆海空天"一体化交通运输安全保障体系，进一步提升水上交通安全保障能力。

（六）以"大融合"谋实效，做实党建与业务融合"新篇章"

积极抢抓长三角一体化发展机遇，强化党建引领，抓牢主责主业，全力以赴、主动靠前，积极融入地方经济。联合海事管理部门、地方港航部门共同开展水上无线电秩序整治行动，对船员开展水上无线电秩序整治宣传工作及警示教育，确保辖区水路运输稳定畅通。协助业主单位编写海底电缆、海底油管无线电安全保障设施建设方案，全力保障海底管道安全。2020年、2021年，连续两年被交通运输部海事局党组授予"全国水上无线电秩序管理专项整治工作先进集体"称号。

以"四小两大"工作法促进党建工作与中心工作深度融合

三、工作启示

坚持"四小两大"工作法，是有效激发"小微支部"内生动力，提升工作质效的造血机制，是落细落实党建工作，不断强化党建引领，推进各项重点任务落实的关键之举。通过立足"小微支部"优势，以"小支部抱团发展、大联盟以强带弱"为手段，实现支部间交流互动、资源整合、优势互补，共同谋划探讨水上安全通信主业方向，开展水上无线电信号监测，为维护辖区内水上无线电秩序管理提供有力支持，努力实现"主业履职拓新高、共融互促开新局"。

"青年讲堂"搭舞台
"四抓四提"强素质

重庆奉节海事处党支部

一、案例背景

近年来,海事系统新招录大学生来自五湖四海,知识结构、价值取向呈现个性化、多元化现状,要想其成为长江海事高质量发展的中流砥柱,亟需全面淬炼其政治素养和业务技能。奉节海事处"青年讲堂"自此应运而生,在老同志传道授业解惑之余,更多的是海事青年进行思维碰撞,开展学习交流和展示才能。"青年讲堂"采取轮流授课的方式,使青年干部互帮互学、教学相长,目前已开展轮流授课26人次,切实提升干部能力素质,达到一人授课、大家受益的效果。

二、主要做法

近年来,重庆奉节海事处持续强化文化铸魂作用,搭建"夔门清流青年讲堂""筑基夔门青年讲堂"等平台,通过"四抓四提",常态化开展"青年讲堂",为青年干部成长、成才搭台子、铺路子。

"青年讲堂"搭舞台　"四抓四提"强素质

（一）抓建章立制，提升活动开展的延续性

支部结合全年重点工作，明确本年度"青年讲堂"主题，先后出台《奉节海事处关于成立青年理论学习小组实施方案》《奉节海事处青年学习计划》《奉节海事处党支部关于开展"筑基夔门青年讲堂"活动的通知》等多个文件，明确月度授课主题及交流方向，确保学习内容与工作实际相吻合，授课主题与参训学员做到青年队伍全覆盖；党员领导干部带头维护制度权威，主动参与"青年讲堂"交流和互动，做执行的表率，提升活动开展的延续性。

（二）抓"学写说用"，提升青年干部的全面性

一是积攒素材，提升"学"的能力。授课人根据年度安排，结合当前工作重点，精心准备授课内容，不断提升自主学习能力。

二是撰写教案，提升"写"的能力。授课前，青年干部结合工作实际及征求意见撰写授课教案，促使青年干部勤写多练，提升写作力。

三是轮流授课，提升"说"的能力。每名青年干部以"教师"的角色向大家授课，着力提升青年干部表达力。

四是互动交流，提升"用"的能力。通过参会人员交流、干部发言、领导点评，使不同岗位的青年干部能熟悉多个岗位的业务知识，充分将各类知识和工作实践有机融合，提升运用力。

（三）抓岗位实操，提升业务培训的实用性

在课程内容设置上，我们强调岗位实操，通过案例分析、最新文件解读、现场教学等形式，授课人结合具体工作考核指标，将各自岗位中遇到的重难点及注意事项搬上课堂、带到现场。同时，我

| 新时代交通运输部系统党支部建设典型案例

们还邀请业务骨干、验船师等为青年人进行现场授课,通过现场交流互动、答疑解惑,进一步强化了青年干部理论知识应用与实操水平。

(四)抓奖惩考核,提升活动开展的严肃性

团支部成员实行年度积分考核制度,成员年度基础积分100分,根据"青年讲堂"学习、日常工作表现等情况实行加减分制度,并以此作为推优入党、人才推荐、外出培训、年度先进性评价的依据。在每次"青年讲堂"中,授课人都将结合授课主题准备知识测试及实操测试,考核成绩前三名年度积分各加5分,考核成绩后三名各扣除年度积分5分,并撰写一篇学习心得,交团支部存档。通过这种考核,保证了每次学习的效果,更进一步提升了活动开展的严肃性。

★ 青年读书分享会活动

三、工作启示

通过"四抓四提",重庆奉节海事处进一步发挥了青年干部在服务船方、促进发展、奉献社会的突击队作用,大批青年干部在理论与实践中逐步淬炼成可独当一面、堪当重任的基层领导干部,最终实现了"业绩有突破、青年有进步、单位有发展"的良性发展之路。

(一)业绩有突破

青年干部积极投身地方政府"三无"船整治、乡镇自用船违章航行重大隐患整治行动,配合地方政府开展联合执法,拆除取缔"三无"船舶工作,累计拆解692艘次,完成应拆解总量94.54%。有效应对奉节港待闸船舶停泊区安全与防污染监管难题,采取"扩大停泊区范围、协调设置锚泊交通船"两项措施,开展"停泊秩序专项整治行动、船员专项培训教育行动、疫情防控专项行动"三大行动,实现了待闸船舶"零事故、零险情、零污染"目标。

(二)青年有进步

自长江海事系统实行统招以来,重庆奉节海事处累计招录17名大学生,无一人流失,在不同的岗位上为海事高质量发展奉献青春力量。新进大学生先后有4人走上正科级领导岗位,3人走上副科级领导岗位,充分发挥了中流砥柱作用。

(三)单位有发展

在风清气正的良好氛围影响下,重庆奉节海事处社会满意度常年保持在95%以上，职工满意度10年来一直处于重庆海事局基层单位前列，连续10年政风行风"零举报、零投诉、零违纪"。2017年以来，单位先后获得了重庆海事局、长江海事局、长江航务管理局、交通运输部授予的先进基层党组织称号，获得了长江海事局文明集体、全国交通运输文化建设优秀成果、2017—2018年直属海事系统廉政文化示范单位等荣誉称号。

打造"绿水青山卫士"融品牌建设长江海事模范党支部

武汉青山海事处党支部

一、案例背景

背倚矶头山,前濒长江水,坐落于武汉市青山千年古镇的武汉青山海事处,是武汉海事局的派出机构之一,肩负长江下游18.5公里水域的水上安全监管和防污染监管重任。现有干部职工53人,其中党员32名。近年来,武汉青山海事处响应党中央建设模范机关号召,落实上级党组织部署安排,锚定"让党中央放心、让人民群众满意"标准,围绕"三个表率"抓建设,聚焦解决党建与业务工作"两张皮"现象,探索实践党建与业务工作深度融合长效机制,淬炼形成"绿水青山卫士"融品牌,全力打造长江海事模范党支部,在模范机关建设中走出了党建引领、文化铸魂、绿色发展新路子。

二、主要做法

以打造"长江海事模范党支部"为工作目标,紧扣"政治过硬、责任过硬、组织过硬、能力过硬、作风过硬、廉洁过硬"任务要求,

新时代交通运输部系统党支部建设典型案例

聚焦解决党建与业务工作"两张皮"现象，着力开展"绿水青山卫士"融品牌建设，以实现支部建设高质量发展，党风廉政形势持续好转，辖区安全和防污染形势持续稳定。

（一）以"五千支部"建设为硬核力量引领发展

千锤百炼抓政治建设：坚持正确政治方向，严肃党内政治生活，提升政治能力。千淘万漉抓思想建设：强化创新理论武装，加强党性修养，坚守共产党人精神追求。千方百计抓组织建设：坚持民主集中制，增强班子战斗力，提升支部组织力。千辛万苦抓作风建设：知民心，顺民意，解民忧，建设让党中央放心、让人民群众满意的海事处。千磨万砺抓纪律建设：落实党风廉政责任制，推进反腐倡廉，营造风清气正氛围。

以"圆周率3.14"党建工作法为"五千支部"建设实践路径，即以高质量党建为"圆心"，把握重点、突出特点、攻克难点，建立一套促进党建业务深度融合的"周全"工作模式，实现将党建工作效率转化为海事高质量发展"速率"的效应。

（二）以"外强监管、内强素质"为建设成效接受检验

聚焦监管重难点，打造五大安全监管品牌。打造"平安天兴渡"，用好"三查三守"工作法。三查，即：查渡船、渡口、动态；三守，即：守节假日、踏青游、农忙渡。打造"畅通青山夹"，用好"三巡三整"工作法。三巡，即：有声巡航、错时巡航、高峰巡航；三整，即：整治隐患、环境、秩序。打造"绿色武石化"，用好"三报三防"工作法。三报，即：船舶报港、危险品申报、船e行报告；三防，即：防泄漏、燃爆、违规排放。打造"高效工业港"，用好"三联三通"

打造"绿水青山卫士"融品牌 建设长江海事模范党支部

工作法。三联,即:联系船公司、货主、码头;三通,即:通报作业计划、锚泊时间、船舶动态。打造"宁静王家屋",用好"三宣三查"工作法。三宣,即:宣传安全信息、法律法规、锚泊须知;三查,即:查锚泊状态、锚地秩序、违章操作。

聚焦队伍建设,落实"四化"建设"12345"工作举措。锚定打造铁一般的理想信念、铁一般的责任担当、铁一般的过硬本领、铁一般的纪律作风的"四铁"队伍这"1"个目标,坚持党建和文化"2"大引领,锻造高素质干部队伍、专业化人才队伍、活力型青年队伍"3"大队伍,强化组织、载体、服务、宣传"4"大保障,实现政治力、战斗力、管理力、装备力、廉政力"5"大提升。

(三)以"青山清风"塑造为廉政保障筑牢防线

落实"六廉"举措。建章立制,制度督廉:完善外聘行风监督员制度,开展政风行风建设"大走访"。言传身教,教育倡廉:开展"党风廉政建设宣传教育月"活动,锁紧廉政责任链。以案为鉴,案例警廉:用身边人身边事时刻敲响廉政警钟。履责担当,责任促廉:责任文化理念内化于心,外化于行,以责任担当筑牢廉政堤坝。科技助力,科学兴廉:依托执法记录仪、视音频监控系统等科技手段对海事行政执法全过程记录,阳光许可、廉洁执法。家训传承,家庭助廉:开展"家庭助廉"活动,坚实后方基地。

构建"32123"内外廉政风险防控网。对外部执法廉政风险,采取"三全两专"(32)风险防控举措。"三全"即现场执法全过程记录、行政处罚全过程监督、航运公司走访季度全覆盖,"两专"即专人负责船舶载运危险货物申报许可、专员开展船舶安全检查。对内部管理廉政风险，采取"一创新两转变三强化"（123）内部风险防控举措。"一创新"即创新一个监管平台，严把物资采购关，"两转变"即转变两个思路，主动作为，过好紧日子，"三强化"就是强化理论武装、警示教育、制度建设三项举措，营造廉洁工作氛围。

★ 讲好绿水青山故事，当好绿水青山卫士

三、工作启示

回顾"绿水青山卫士"融品牌打造过程，我们深深体会到，要实现党建与业务工作深度融合，必须切实深化"五融合"。

一是深化理念融合，要牢固树立"抓好党建就是最大政绩"的政

打造"绿水青山卫士"融品牌　建设长江海事模范党支部

治担当，确保融品牌的创建始终朝着正确政治方向。

二是深化机制融合，融品牌打造要立足当下，放眼长远，建设强有力的机制保障。

三是深化组织融合，支部班子要身先士卒，党员同志要率先垂范，团结带领广大职工，形成干事创业的强大合力。

四是深化载体融合，将党建工作与安全监管、海事服务、后勤保障等有机结合，融品牌才能展现生机与活力。

五是深化资源融合，要打破体制壁垒、行业隶属和区域界线，善用资源，发挥联建共建优势，不断增添融品牌建设新动力。

"1337"工作法打通基层党建"最后一公里"

南通海事局党委

一、案例背景

南通海事局党委深入落实江苏海事局"三聚三促五融合"党建和业务深度融合新模式,提出建设"高质量党建江苏海事样板建设示范先行区",坚持以"党建业务一体化"为融合目标"1",在"目标、问题、实效""3"个方面探寻融合方向,在推动业务工作中注重发挥党建引领、服务、保障"3"个作用,结合实际深化拓展"理念、机制、组织、载体、区域、阵地、考评""7"个融合举措,最终提炼形成了"1337"党建融合工作法。在实践中不断释放"1337"党建融合工作法的"最大生产力",以高质量党建引领高质量发展,已成为南通海事发展最鲜明的特色、最强劲的动力。

二、主要做法

(一)在"理念融合"上求"同",凝聚思想共识

用"1337"党建融合工作法穿针引线,在全局凝聚起高质量推动党建和业务深度融合的思想共识。局党委牢固树立"业务工作推进到

"1337"工作法打通基层党建"最后一公里"

哪里,党建工作就覆盖到哪里"的理念,将模范机关创建、"四化"建设、作风建设提升年等重点工作纳入运行高质量党建指标体系方案统筹并轨实施。全局党支部牢固树立"党建工作无处不在,党建工作人人参与"的意识,每季度选拔业务骨干与党务干部轮岗,同步提升人才队伍业务能力和党务水平。全体党员牢固树立"我是党员我先上"的导向,青年党员自发成立"抗疫先锋队"驰援疫情封控区,"劳模突击队"在防汛抗台一线24小时待命,涌现出一批"平常时候看得出来、关键时刻站得出来、危难关头豁得出来"的新时代党员干部典型。

(二)在"机制融合"上求"新",提升服务质效

深化党建和业务"同部署、同落实、同检查、同考核"机制,形成"高质量党支部指标体系责任落实分解表",推动党建和业务在统筹谋划时融合,在实施推进中互促。创新实施"先支委会决策、后处务会执行"机制,在工作部署和执行层面打通融合壁垒。创新探索"书记项目办实事"制度,由"头雁"引领破解基层治理难题,2022年推出"书记项目"12个,"优化营商环境二十项举措"靠前服务海太过江通道、中天钢铁、张靖皋大桥等重大工程,"助企纾困、保通保畅十项举措"切实维护电煤、LNG、粮食等物资水路运输物流链和供应链稳定畅通。创新试点"党员质询党支部履职尽责"制度,对业务职责落实不到位、群众评价不满意的党支部书记追责问责,形成了党务和业务的双向检验。

(三)在"组织融合"上求"实",聚力攻坚克难

统筹发展和安全,主动防范化解沿江沿海风险矛盾,紧盯安全监

新时代交通运输部系统党支部建设典型案例

管和绿色发展重难点,创新打造"临时党支部、党建联盟、联合党委"三级融合组织体系,构建"共建、共治、共享、共赢"新格局。"如皋水上绿色综合服务区临时党支部"推动党的建设和服务区运营深度融合,创设航运、船民、生态、救助等功能服务站,把"我为群众办实事"贯穿始终,着力打造"红色"水上服务区。"如东海上风电产业联合党委"创新升级"党建联盟",通过高效"组织"融合"将支部建在产业链上",推出"组织联建、队伍联育、安全联保"等具体举措,为推动海上风电产业安全、绿色和高效发展提供了坚强组织保障。

(四)在"载体融合"上求"活",铸造品牌名片

立足"通心"党建品牌,局党委持续打造"1+X"党建品牌矩阵,着力解决"急难愁盼"民生实事、发展大事、身边小事。如东海事处党支部践行"肯扎根、肯吃苦、肯创新、肯奉献、肯争先"的"五肯"精神,在服务洋口港人工岛建设、维护LNG船舶等沿海监管中,擦亮了"通心·小兰考"特色党建品牌项目。崇川海事处党支部秉承红船精神,在沿江监管服务中叫响了"通心港湾执法先锋队",提炼了"通心·红船"特色党建品牌项目。目前,基层党支部已经实现"通心·船迹""通心·江海第一区""通心·皋地"等特色党建精品项目全覆盖。

(五)在"区域融合"上求"赢",放大协同效应

构建区域化党建工作新格局,激发"1+1>2"发展新动能。出台《关于进一步加强开放式党建共建工作指导意见》,畅通与共建单位在各级党组织之间的沟通协作,共同推动船员权益保护志愿服务站

"1337"工作法打通基层党建"最后一公里"

在协助船员维权、渔业船员"再就业"等工作上持续发力。以党建共建为抓手，与海关、边检等口岸单位成立涉外疫情应急"党员先锋专班"，畅通国际航行船舶船员换班和伤病船员下船就医通道，筑牢水上疫情防控严密防线。主动与地方政府建立合作，服务保障江苏新出海口建设，成立运行南通海上（通州湾）交通管理中心、港航调度中心。用好长航系统、江苏海事系统"双片区"联动机制，通过党建联盟最大限度发挥支部战斗堡垒作用和党员先锋模范作用。

此外，结合南通海事局自身实际，通过打造"党史学习教育阵地""全国劳模姜新工作室"等文化阵地，实体化展示党建和业务深度融合的实践成效，实现"阵地融合"。通过创新制定《南通海事局党建和业务深度融合考评办法》，推动融合成效的量化考评，力求"考评融合"。

★ 全国劳模姜新工作室

三、工作启示

南通海事局推出"1337"党建融合工作法以来,党建和业务深度融合的目标、方向和路径更加明确,有力破解了基层党建问题,突出表现出"深""多""高"等特色。

一是破解了基层党建"不会抓"的问题,在操作方法上探索"深"。形成了"一套工作法、一个指导意见、一个考评方法、一个电子台账"的操作体系,使党建工作看得见、说得清、抓得实。由青年党务工作者创新打造的"智慧党建e线融——党建和业务深度融合实效指数评价平台"已经推广应用,为基层减负、提质、增效的党建活力进一步彰显。

二是破解了党建业务"两张皮"的问题,在融合路径上举措"多"。依托"书记项目""临时党支部"等基层治理方式,把党员派到一线去、把支部建在项目上,实现新时代新形势下党建组织模式的创新。通过深度融合创新工作方式,增强党建工作的吸引力,调动广大党员的积极性。

三是破解了为民办事"落地难"的问题,在解决难点上效率"高"。通过"局党委统筹指导—党支部具体落实—支部书记组织实施—党员发挥作用"四级链压实责任,树牢在基层一线解决问题的鲜明导向,让问题在一线发现,难题在一线解决。

严肃组织生活　激发队伍活力

长江口航道管理局机关一支部

一、案例背景

长江口航道管理局机关一支部（以下简称一支部）承担着局党建、人事、纪检以及办公室等综合性工作的重任。党支部现有党员15人，下设2个党小组，其中局领导2人。近年来支部结合自身工作性质和特点，严肃组织生活，增强政治自觉，激发队伍活力，从组织生活的内容、形式和制度方面探索形成了"三个三"工作法。

二、主要做法

（一）组织生活的内容上，做到"三个坚持"

一是坚持理论与实际结合。近年来，结合一支部所涵盖部门的业务工作，专题安排了纪律规矩意识、干部人事制度、党建党务规章等多次专题学习。特别是结合党史学习教育开展了廉政教育专题学习。局领导给一支部所有党员上了一堂《学习党的纪律史　传承党的好作风》的党史党课。通过这种方式把理论知识应用于实际工作，用实际工作来验证理论知识，不仅提高了党员对理论知识的学习兴趣，也提高了个人的工作能力，充分发挥出支部的组织力和引领力作用。

二是坚持内容与效果结合。近年来,一支部结合局创建模范机关、五个专项治理、廉政宣传教育月等工作,党员根据自己的工作岗位特点,梳理十八大以来各自业务内的新法规、新政策制度文件并上党课,让业务工作需要的制度、纪律、规矩意识入耳入脑,大大提高了组织生活与业务工作相融合的效果。

三是坚持思想和生活相结合。一支部组织生活的内容与时俱进,贴近党员的思想和生活。特别是针对青年党员支部组织开展了贴近时事热点、国家大政方针的学习研讨型主题党日活动,对青年党员在保密、意识形态教育和国家安全形势等方面的思想加以引导教育,帮助其树立正确的观点,充分发挥了支部教育党员的作用。

(二)组织生活的形式上,做到"三个结合"

一是政治属性和服务功能相结合。全体党员上下同心,带头做到政治自觉,组织生活规范,成为其他支部在组织生活方面的榜样。在服务方面,结合模范机关建设,做到"三个表率",服务热情,为全局干部职工创造党组织有活力、办公环境整洁有序、干部队伍风清气正、干劲十足的良好氛围。

二是学习形式和创新载体相结合。组织生活的场地搬到长江口01轮、航巡01等船舶的施工、执法现场。采取党员轮流讲、大家点评、观看视频、现场观摩等形式,增强党员学习效果。通过观看历史影片、开展红色教育等方式,丰富主题党日活动形式。

三是分层教育和全程管理相结合。支部党员有局领导、处级干部等中心组学习成员,也有普通党员。领导干部以普通党员身份参加支部学习并上党课,普通党员开展党史学习教育"双周"课堂,青年党

严肃组织生活　激发队伍活力

员和团员通过青年理论学习小组学好党史，实现全方位、分层次的组织生活。

★ 航巡01现场开展组织生活会

（三）组织生活的制度上，做到"三个规范"

一是规范学习机制。对"三会一课"、主题党日、专题组织生活会等活动的计划和内容进行提前谋划，提高学习的针对性和有效性。对佩戴党徽、使用党旗、党内同志称呼等加强规范，增强组织生活的仪式感、庄重感，提高党员对组织的崇尚、忠诚感。

二是规范台账资料。支委定期对支部的台账资料进行自查。迎接局党建部门的检查、查阅记实手册、随机抽问等。确保记录及时、翔实、真实。

三是规范学习纪律。积极参加组织生活是做一名合格共产党员的基本要求。局党委委员带头自觉落实双重组织生活，按时参加党小组会，向党小组汇报思想，刀刃向内开展批评和自我批评；党员及时安排好工作，不得以工作忙等借口无故不参加党组织生活。

三、工作启示

一是组织生活内容要与时俱进，贴近党员的工作实际与现实生活。

二是组织生活形式要丰富多彩，增强对党员的吸引力与凝聚力。

三是组织生活制度要规范约束，提高党员的政治自觉和规矩意识。

高举旗帜跟党走　创新模式筑堡垒

中国水运报社有限公司第三党支部

一、案例背景

中国水运报社有限公司是国务院出资、交通运输部主管的中央文化企业，由中国水运报、《中国水运》杂志及两网两微一端全媒体平台组成。中国水运报社有限公司第三党支部是由《中国水运》杂志出版中心、中运传媒武汉公司、中运航泰北京公司3个部门组成的党支部，共有职工31人，其中党员13人，党员占到职工总人数的42%。平均年龄33岁，80、90后年轻职工占主体。近年来，第三党支部以建设"高标准的基层党组织、高素质党员队伍"为目标，团结带领广大职工努力拼搏，勇于创新，较好地发挥党组织的坚强堡垒作用。

二、主要做法

（一）高举党旗鼓干劲，把政治过硬作为党建第一要求

新闻单位是党的新闻事业根本任务的具体承担者。做好新形势下宣传思想工作，必须自觉承担起举旗帜、聚民心、育新人、兴文化、展形象的使命任务。第三党支部高举党旗鼓干劲，坚持以政治建设为统领，牢牢把握意识形态工作主动权，把政治过硬作为党建第一要求，

新时代交通运输部系统党支部建设典型案例

支部全体党员干部用实干和担当书写着交通水运宣传工作的"红色答卷"。

健全机制、齐抓共管。第三党支部由3个部门单位组成,建强班子、带好队伍是做好支部党建工作的关键。由5名支委组成的支部委员会,分工明确、办事高效,通过支部党员大会制度、支部委员会例会制度,建立了有效地决策执行机制。支部制定年度工作计划,将党建工作和业务工作同计划、同部署;在日常工作中,坚持部门负责人"一岗双责"制度,实现党建工作与业务工作相互促进。严格按照上级党组织关于基层党组织建设的相关规定,进一步发挥好支部战斗堡垒作用。

发挥引领,增强合力。第三党支部严格按照规定和程序召开支部委员会会议。健全党内情况通报制度,对党员发展、评先评优、党费缴纳等党员关心的问题,充分讨论并进行公开,提高工作透明度。坚持党管意识形态,落实意识形态工作责任制,把理论学习作为党员干部队伍建设的"硬任务"。严格落实主题党日、"三会一课"等基本制度,定期组织党员学习党的有关方针政策、时事政治和水运业务知识,不断提高党员干部的政治觉悟和工作水平。

上承下行,抓好落实。以支部党建工作为抓手,着力在强化政治建设、加强党员干部教育、完成部门目标任务上下功夫。建立健全岗位责任、目标导向、问题导向等机制,提高工作效率、增强服务意识,把大家拧成一股绳。第三党支部党员在"学习强国"学习平台上一直名列前茅,以扎实的理论功底和过硬的政治素质,在各项工作中各展所长,取得了显著成绩。

（二）党建创新有活力，把激发动力作为党建第一目标

激发基层党组织的生机和活力，是提升党的基层组织组织力的内在要求和重要保证。支部工作要充满生机、富有活力，就必须创新形式，让党员干部愿意参与、踊跃参与。第三党支部结合业务工作，把激发动力作为党建第一目标，创新开展了一系列支部活动，通过"党建+"活动，激发党员干部干事创业的积极性和创造力，受到了党员和群众的欢迎。

"党建+网络"：针对在职党员工作忙，驻地分武汉、北京的实际情况，第三党支部把党员学习园地搬到了网上，建设了党建QQ群、党员微信群，着力打造"指尖上的党课"，支部党员们大部分都是80、90后，大家用网言网语进行交流，拉近了彼此间的距离。

"党建+创新"：将基层党建与各项业务工作有机结合，针对部门业务需求，开展了国家安全教育主题党日暨理论宣讲会、新媒体宣传与爆款短视频制作、科技期刊高质量发展理论课堂等主题党日活动，提升职工业务能力。

"党建+活力"：支部与武汉理工大学航运学院开展了庆祝建党100周年"歌声中的党史"主题党日，积极参加"精品党课展示会"活动，被长航局选拔为示范党课主讲人，登上了长航局"上下联学党课大串讲"的大舞台，参与"青年党史知识大比拼"等活动，展现了支部党员风采。

"党建+帮扶"：支部积极参与扶贫活动，与大悟县中医医院党支部结对共建，一起到湖北省革命传统教育基地大悟县金岭村开展帮扶活动，多次赴湖北建始县开展爱心妈妈、关心留守儿童活动。

新时代交通运输部系统党支部建设典型案例

"党建+服务":支部坚持开展支部书记谈心谈话,对青年职工思想动态进行分析,对困难职工开展走访慰问,树立"思想问题无小事,群众诉求无小事"的宗旨,增强了党员的组织归属感和荣誉感。

(三)凝聚力量谋发展,把服务行业作为党建第一追求

第三党支部承担着《中国水运》杂志编辑出版、报刊广告经营、杂志通联发行、品牌策划、文化展厅设计制作、会展合作、新闻培训、文化创意产品制作等重要任务。业务种类繁多、涉及领域广、专业技术性强,关系着报社市场经营的大局。第三党支部凝聚力量谋发展,把服务交通水运行业作为支部党建的第一追求,为行业奉献了一大批新闻文化精品。

在党支部的组织下,打通部门壁垒、主导跨界合作,大家资源共享、共同学习、共同促进。《中国水运》杂志克服任务倍增、人手不足的困难,全年出版文字量达 900 多万字,编辑出版了 200 页的《绿色航道》专刊,获得部领导肯定。武汉公司党员干部主动作为,高质量制作完成了《长江"黄金"航道整治技术研究与示范》宣传片等项目,策划制作了长江航运档案展、《星辰大海》MV,向建党 100 周年献礼。"党课人人讲"项目,从拍摄到制作,与时间赛跑,展现了良好风貌。北京公司配合部疫情防控,春节期间在部值守,完成春运新闻通稿 40 余篇。组织"纵横海陆空,安全伴你行"交通运输部十一国庆大联播活动,"中国交通"快手运维团队获得中央网信办集体通报表扬。

在第三党支部,党员是干事创业的先锋,是关键时刻的脊梁。在近年来的疫情防控中,在重大项目和活动中,支部坚持将党旗插在一

线，党员干部勇于担当、攻坚克难，成功完成了任务，成为交通水运现代化建设中一支思想政治坚定、作风优良、奋发有为的优秀团队。

三、工作启示

一是充分发挥党支部的坚强战斗堡垒作用。在支部主体各自有不同的主营项目和运作方式下，党支部成员积极围绕上级党委工作安排及部署，发挥支委引领模范作用，进一步提高了党支部的凝聚力和战斗力。

二是全面加强党支部自身建设。对照规范化建设标准，健全制度、完善机构，大力提升支部执行力；以提早谋划、有序推进，鼓励职工创先争优；以坚持原则、重点培养，积极做好党组织发展工作；以不断精进、创新为先，与时代接轨，利用网络、红色教育基地等不断筑牢思想根基，凝聚团队活力。

三是全面促进了各项业务工作。通过党支部打通部门壁垒，主导跨界合作，大家资源共享、共同学习、共同促进，成功地把党员群众凝聚到了一起，产生了一批合作成果。

党建铸魂　品牌引领
切实打造特色过硬救助船舶党支部

交通运输部北海救助局"北海救101"轮党支部

一、案例背景

"北海救101"轮隶属交通运输部北海救助局,是目前为止排水量和功率最大、抗风能力最强、装备最先进、救助功能最齐全的全天候远洋救助船之一。船舶党支部于2013年成立,现有在船党员10名。近年来,党支部全面贯彻落实习近平新时代中国特色社会主义思想和新时代党的建设总要求,创新"领航101"党支部品牌,"领"字当头,在夯实党建基础、提升党建质量同时,积极拓宽、丰富党建内涵载体,实现了党支部建设与海上救助中心工作互融互促、同频共振。

二、主要做法

(一) 固本强基,党建工作争当领航者

党支部坚持以制度促规范、以规范促提升,认真落实《北海救助局党支部工作标准化建设实用手册》各项要求,完善日常管理制度,严肃党内政治生活,严格落实"三会一课"、主题党日、党员过"政治生日"等党内生活,持续推进支部规范化、标准化和制度化建设。

党建铸魂　品牌引领　切实打造特色过硬救助船舶党支部

始终坚持把党员教育培训作为党员队伍建设的基础性工作，通过开展"不忘初心、牢记使命"主题教育、党史学习教育，创新"学新时代思想、守初心使命、讲实干作为"等系列活动，教育党员始终坚定信念、不忘初心、牢记使命。通过开展党员先锋岗、"我是共产党员，请向我看齐"等活动，教育引导党员铭记党员身份，讲党性、顾大局，充分发挥支部党员的骨干带头作用。

（二）*勇担使命，救助一线争当领头者*

作为国家海上专业救助队伍，"北海救101"轮党支部带领全船党员职工牢记初心使命，坚守海上一线，忠诚履职，锐意进取，出色完成了一系列急难险重救助抢险和国家政治军事保障任务。2018年以来，共救助出动26次，成功救助遇险人员67人，遇险船舶5艘，挽回经济损失近1亿元，为保障我国北部海区安全、服务国家战略和地方经济发展作出了重要贡献。

2019年8月，超强台风"利奇马"在浙江登陆后一路北上，台风中心风力14级，"北海救101"轮主动请缨开赴抗台一线，在9级的狂风和巨浪中紧随着"利奇马"风眼一路转战。面对着狂风肆虐、巨浪滔天的恶劣海况，支部党员克服眩晕、呕吐等极度不适，主动坚守在驾驶台和船舶机舱，用实际行动践行共产党员的初心和使命。

2020年1月，受强冷空气影响，渤海海域气温骤降，海上风力8至9级阵风10级，集装箱船"CHANGDA"轮设备故障、船舶失控、船体倾斜，随时有翻沉危险。"北海救101"轮临危受命，克服风大浪高的恶劣海况，配合救助直升机"B-7126"将9名缅甸籍遇险船员全部安全救起，赢得了社会各界的广泛赞誉。

新时代交通运输部系统党支部建设典型案例

2022年4月,"北海救101"轮克服航程长、偏荡大、航道窄等重重困难,成功完成亚洲首例300米级深水导管架"海基一号"的海上拖带、定位及海上安装期间的安全防护控制工作,为粤港澳大湾区经济发展和我国能源保障能力提升做出了积极贡献。

(三)两航同心,助力航天争当领唱者

近年来,随着我国航天事业的不断发展,航海与航天两者的交融也越来越多,"北海救101"轮也屡次为航天事业的海上安全保驾护航。2019年6月,"长征十一号"运载火箭携带七颗卫星首次海上发射圆满成功;2020年9月,该型运载火箭携带九颗卫星再次完成海上发射。"北海救101"轮党支部带领全船职工攻坚克难、奋勇拼搏,圆满完成了设备加装、精准定位、疫情防控、餐饮安全等任务。特别是面对随船人员多的困境,为了给航天工作人员提供最好的休息环境,支部党员主动让出自己的房间,打地铺、睡沙发、合并房间,有的甚至搬到了设备库、储物间,充分发挥了党员先锋模范作用。这两次保障任务获得了航天部门领导的一致好评,交通运输部领导作出重要批示,并对船舶职工表示感谢和祝贺。

(四)不忘初心,服务奉献争做领先者

"架起爱心互助的桥梁,帮助贫困家庭孩子圆了上学梦。"按照习近平总书记重要指示要求,"北海救101"轮党支部将希望工程与海上救助紧密联系,以"大手拉小手,追梦新时代"为主题,党员带头,群众参与,持续三年开展"爱心助学"活动,帮扶资助云南省红河哈尼族彝族自治州大山困难小学生的学习生活,以实际行动弘扬扶危帮困的中华传统美德。同时,船舶公休党员积极投身疫情防控、社

党建铸魂　品牌引领　切实打造特色过硬救助船舶党支部

区服务、乡村振兴等志愿服务工作中,为服务社会贡献海上救助力量。

★ 党支部举办"道德讲堂"讲述身边的榜样

三、工作启示

在全面建设社会主义现代化强国的新征程中,党的建设工作重要性愈加凸显,做实基层一线支部党建工作,党建工作必须围绕中心工作,服务大局,避免流于形式,切实打牢党的基层基础,真正起到引领、保证、监督的作用。作为海上救助一线船舶党支部,党建工作必须立足主责主业,培养党员甘于奉献、勇争先锋的良好作风,强化岗位履责能力提升,同船舶各部门业务开展密切联系,增强服务保障意识,加强沟通督导,共同完成海上人命救助各项工作,充分发挥党支部战斗堡垒作用。

"党建+" 四轮驱动
筑牢海上战斗堡垒

交通运输部东海救助局"东海救117"轮党支部

一、案例背景

交通运输部东海救助局"东海救117"轮党支部是以"育人"为显著特色的海上流动战斗堡垒，现有船员25名，党员10名。自2013年11月成立以来，为继承我党把"支部建在连上"的光荣传统，以"把支部建在船上"为党建工作的着力点，以"党建+"四轮驱动发展模式全力推进党支部建设，形成了"特别能吃苦、特别能战斗、特别能团结、特别能奉献"的"四特"工作作风，先后荣获全国工人先锋号、交通运输部系统先进基层党组织等省部级以上荣誉8项。

二、主要做法

（一）党建+学习，全面驱动党员教育成效提升

党支部始终坚持以习近平新时代中国特色社会主义思想为指导，深刻领悟"两个确立"的决定性意义，增强"四个意识"、坚定"四个自信"、做到"两个维护"。积极开展党史学习教育，通过"我为群

"党建+"四轮驱动　筑牢海上战斗堡垒

众办实事"承诺践诺、我讲党史小故事、疫情防控党员作表率、红歌大家唱、网上祭奠革命英烈等多种载体和平台，有力提升党员学习教育成效。

以"三会一课"为平台，以党员积分管理为抓手，秉承"以上率下、典范引领、专题剖析、交流提升"的原则，开展"育人微党课""育人现场教学"等活动，不断加强党员的日常学习和教育。尤其是针对公休党员，及时通过网络"云"平台发布支部工作动态和学习要求，了解公休党员学习、思想情况，支部组织力、战斗力得到有力提升。

（二）党建+救助，全面驱动党员模范作用发挥

党支部注重引领和号召党员在急难险重的任务中发挥先锋模范作用和"四特"工作作风，成功执行了"金海西"轮、"国盛8669""桑吉"轮等119起救助任务，救助遇险人员1003名，救助遇险船舶28艘，获救财产价值估算30.24亿元。同时，积极服务地方经济建设，完成了"新振浮7""勘探七号""JSD6000""南海九号"等61次实战训练任务。

在这些急难险重的任务中，党支部充分发挥战斗堡垒作用，全体党员以"一名党员就是一面旗帜"的坚定信念，发出"我是党员我先上"的铮铮誓言。

（三）党建+创新，全面驱动救助能力和工作效率提高

党支部利用创新工作室设在"东海救117"轮的独特优势，以党员为骨干的创新攻关小组积极开展创新创效，对三爪拖救锚钩、艇机故障解决、主拖缆护缆套、救生吊篮、搜寻基点确定等项目进行了研

究、探讨、实践，共有50余个创新项目通过评审实施，其中，申报国家专利4项，2项已获得国家专利授权。同时，完成各类技术论文200余篇，总结提炼的创新经验运用在救助实际工作中，为降低安全风险、提高工作效率、保证救助效果起到了积极的作用。

（四）党建＋管理，全面驱动比学赶帮超氛围营造

"东海救117"轮船舶小班子成员和支部委员以身作则，充分发挥示范引领作用，将管理责任具体化、明确化。

党支部以准军事化管理为抓手，不断提升救助船舶整体形象和船员精神面貌；严格落实"过紧日子"要求，党员同志们从自己做起，从身边的小事做起，坚决杜绝浪费的行为；新冠肺炎疫情发生以后，支部党员带头推迟公休，严格落实一系列的防抗措施，带领船员投入到打赢疫情防控阻击战之中。

党支部建立的"党员带徒""导师带教"等人才培养模式取得积极成效，培养出了9名船长，10名轮机长，12名水手长等骨干人才。

三、工作启示

党员是党组织最基本的细胞单元，通过"党建＋"四轮驱动工作模式的有效实践，全面促进党组织的基本细胞单元增强责任意识、发挥模范作用、强化责任担当。"党建＋学习"充分激发了党的政治核心作用，打牢了党员思想基础；"党建＋救助"全面推进了船舶党建工作与中心工作深度融合，实现了党建工作与救助中心工作的相互促进；"党建＋创新"立足工作中难点、重点、弱点，为救助事业高质量发展提供了技术支撑；"党建＋管理"不断增强组织活力，凝聚职

"党建+"四轮驱动　筑牢海上战斗堡垒

工合力,营造了比学赶帮超的浓厚氛围。

"党建+"四轮驱动工作模式在"东海救117"轮党支部落地生根,开花结果,为救助中心工作提供了强有力的政治引领和组织保障。

★ 在急难险重的任务中充分发挥党支部战斗堡垒和党员先锋模范作用

"三心三联"筑堡垒
强国有我党放心

交通运输部南海救助局救助船队党委

一、案例背景

交通运输部南海救助局救助船队是中国南海最大最强的一支海上专业救助队伍,承担着南海海上人命、环境、财产救助工作,代表国家履行海上国际公约,并承担国家赋予的专项任务和特殊使命。现有职工446人,党员183人。救助船队党委下辖1个机关党支部和10个船舶党支部。船员党员155名,占船队党员总数84.7%,他们长期分布在粤桂琼三省(区)15个值班点,每年平均有8个月在海上动态值班待命。针对基层船舶党组织分布点多、线长、面广,基础薄弱,组织生活形式单一,一线党员流动性大等问题,南海救助局救助船队党委从实际出发,以"守初心、筑匠心、传爱心,加强船岸联学、联建、联谊"的方式,卓有成效地实现了船岸同频共振,破解了分散性基层党组织和流动党员教育管理难题,有效提升了基层党组织组织力,在南海筑起坚强的战斗堡垒,坚决守好祖国的南大门。

二、主要做法

（一）守初心，"六项教育"船岸"联学"，建功碧海担使命

船队党委通过岗前教育、形势教育、日常教育、典型教育、专题教育和指尖教育开展"船岸联学"，教育引导全体党员同志不忘入党初心，牢记救助使命。根据联学机制，船舶党员干部在交接班前需到队党委进行岗前教育和形势教育，在上岗前拧紧思想的发条；船舶党组织负责日常教育、典型教育，让党员在船舶工作期间时刻能够汲取思想养分；队党委加强专题教育、主题教育，及时开展"两学一做"和党史学习教育，提升教育的层次和深度；同时，队党委充分利用"互联网＋"优势，搭建"微平台"，利用"微手段"，开辟"微课堂"，学"习"思想，实现船岸学习教育"微融合"，形成了"日常教育重在常，岗前教育重在引，主题教育重在实，形势教育重在悟，典型教育重在学，指尖教育重在新"的宣传教育格局，各船舶党组织都成为了船员党员在风口浪尖上锤炼党性的主阵地。

（二）筑匠心，"六套体系"船岸"联建"，坚守祖国南大门

为推进救助船队高质量发展，船队党委充分发挥劳模的示范带动作用和党员的先锋模范作用，积极打造"船在心上、心在船上"的"船员匠心"，通过推进规章制度、岗位职责、定置化、安全生产、训练考核、党群工作六个方面标准化、规范化体系建设，有效实现船岸联建，有力促进了船岸同频共振，提升了船舶规范化、现代化、专业化、革命化水平，救助船舶焕发出"看得见、摸得着"的新面貌。成立 19 年来，救助船员战风斗浪，成功救助 2 万余名遇险人员和近 1300

艘遇险船舶，让党和政府的"海上德政工程"在南海巍然矗立。

(三) 传爱心，"六个传送"船岸"联谊"，凝心聚力党旗飘

救助船员常年奋战在风口浪尖，与家人聚少离多，又因动态值班待命，经常不能靠岸，工作与生活相对封闭、单调。船队党委立足面对面、心贴心、实打实，积极开展船岸联谊"六送"活动——送清凉、送温暖、送知识、送健康、送平安、送祝福，把组织的关爱传送到每一名流动党员和基层职工。冬送温暖、夏送清凉，让组织关怀贯穿党员职工一年光阴；开展"职工讲坛"活动和"职工书屋"建设，领导讲党课、党员上讲台、先进谈经验，"送知识"上船、送教上船，让党员职工在知识交换中得到提升；开展"专题宣廉、读书悟廉、典型示廉、制度护廉、网络传廉"等送平安活动，用廉政教育的实际成果守护党员职工健康成长；新冠肺炎疫情期间，积极传播抗疫知识、配发防疫物资、加强心理疏导，为船员健康提供支持保障；安排为党员过"政治生日"，通过发放"政治生日卡"和本人入党志愿书复印件，教育引导党员不忘初心、继续前进。船岸联谊的有效开展，使党员和船员更加紧密地团结在党组织周围，使党旗在南海高高飘扬。

三、工作启示

(一) "三心三联"有效促进了中心工作

"守初心、筑匠心、传爱心，加强船岸联学、联建、联谊"，破解了分散性基层党组织和流动党员教育管理难题，使分散性党组织和流动党员始终有一根主线牵引、联结，上级党组织指导基层党组织工作找到了"支点"，基层党组织、党员接受上级的指导、落实具体工作

"三心三联"筑堡垒　强国有我党放心

找到了"焦点"。通过船岸互动,统筹协作,形成合力,有力地推动了救助中心工作,牢牢筑起了南海海上安全防线。

(二)"三心三联"有力促进了基层党建

通过与上级党组织"联学、联建、联谊",基层党组织在方向上有指引,在业务上有指导,在落实上有帮助,在难题上有化解,把党员留了下来,把党建工作做了上去;广大党员职工在"六项教育""六套体系"和"六个传送"中有强烈的获得感,守初心、筑匠心、传爱心,团结一心,形成了强大的凝聚力和战斗力。

实施"六项工程"
推动"六个提升"
全面推进党支部标准化规范化建设

交通运输部烟台打捞局党委

一、案例背景

交通运输部烟台打捞局党委下设 4 个基层党委、3 个总支部、4 个直属党支部，基层党委、总支下设党支部 65 个，含一线船舶党支部 34 个、离退休党支部 7 个。近年来，该局党委站在政治高度，坚持"心到支部、力到支部，重在头雁、要在头雁"，以一个计划（局党委《加强党支部建设提升组织力专项行动计划》）统领基层党支部建设，大力实施"六项工程"，推动实现"六个提升"，不断提高党支部标准化规范化建设质量，有力畅通了全面从严治党"最后一公里"。

二、主要做法

（一）实施"头雁"工程，推动"带头人"队伍建设有力提升

严格标准"选"，按照"党建＋业务"双强标准，明确党支部书记由部门党员负责人担任的规定，陆地机关党支部书记由部门主要负责同志担任，船舶党支部书记由主要船舶骨干担任。集中培训"育"，

实施"六项工程" 推动"六个提升"
全面推进党支部标准化规范化建设

每年举办党务人员培训班，列入年度教育培训计划，加强党支部书记、委员履职培训，引领"带头人"队伍素质整体提升。注重整体功能"建"，选任重点培养的优秀年轻干部到党支部书记岗位锻炼，充分调动发挥支部委员作用，增强党支部委员会整体功能。

（二）实施"先锋"工程，推动党员队伍建设有力提升

严格落实发展党员政治审查制度，协调纪检、公安、信访等7个部门前置进行联合审查，加强党组织、入党介绍人双重教育监督职责履行，扎牢"组织入口关"。对在职党员开展"党员进课堂提升党性，书记进课堂提升能力"为主题的"双进双提"全员轮训，对离退休党员采取"骨干培训+辐射带动"模式培训，两年培训8批次500余人次，每期培训不少于20学时，扎牢"教育培训关"。坚持典型教育和警示教育同步发力，建立党内组织生活常态教育，重要节点教育提醒和季度廉政学习教育机制，推动党员监督管理常态化，扎牢"日常监督关"。

（三）实施"熔炉"工程，推动组织生活质量有力提升

高标准落实"三会一课"、主题党日制度，明确每月20日为固定的全局党支部主题党日时间，结合上级部署及重点工作要求，每次组织生活有计划、有主题、有载体、有实效，确保党员每月过一次高质量的组织生活。加强青年理论学习小组建设，创新用好重温誓词、入党志愿书、集体过"政治生日"等载体，用好"灯塔在线""学习强国"学习平台，用好微信群、公众号等载体，探索"互联网+党支部"有效模式，让青年党员、船员党员、离退休党员在"微时间"中受教育。

（四）实施"强基"工程，推动支部工作保障有力提升

健全制度保障，编制《党支部工作手册》《船舶党支部工作操作

手册》，指导制度执行，提高制度意识、政策水平，注重党支部工作法研究与推广，突出加强对船舶党支部建设的支持和保障。加强经费保障，将党建活动经费纳入行政经费预算，规范用好留存党费，推动资源往基层投、政策往基层倾斜。加强阵地保障，在陆地单位建立党员活动阵地，在34艘船舶建立标准化的党支部活动室，为开展组织生活提供平台支撑。

(五) 实施"引擎"工程，推动服务主业发展有力提升

立足职责职能，引领支部建设为主业发展赋能，将履职尽责、服务大局作为"磨刀石"，推动党支部在"北游25"轮救助、"光汇616"轮应急抢险等重大救捞任务中发挥战斗堡垒作用。引领支部建设为服务基层赋能，党委同志带头落实支部联系点制度，定期深入联系点调研指导，落实讲党课、双重组织生活等机制，引领机关支部深化"联学联建""4+X"机制，在主题联学、组织联建、发展联促、典型联树中将服务落到基层。

(六) 实施"达标"工程，推动过硬支部建设有力提升

从2020年开始，连续部署开展党支部标准化规范化建设年、提升年、巩固年活动，实施标准党支部、先进党支部、过硬党支部"三级联创"。近三年以来，已对基层党支部开展了两轮全覆盖的专项检查，针对党支部个体工作不平衡问题，逐个"过筛子"。对发现的问题，建立问题、责任、整改三张清单，指导党支部整改销号、完善提升。近三年来，有7个党支部被评为烟台市"五星级党支部"，13个党支部被授予部系统、救捞系统、烟台市"先进基层党组织"，在先进引领带动下，全局党支部标准化规范化建设工作取得良好成效。

三、工作启示

"重视党支部、善抓党支部"是基层党组织和党员领导干部的重要政治责任，必须落实党支部建设主体责任，推动全面从严治党向纵深发展，打通全面从严治党的"最后一公里"；党支部书记队伍是党支部建设的"牛鼻子"，必须选好用好管好党组织带头人，推动干部队伍建设向高质量推进，全面打造引领事业发展的"领头雁"；政治功能是党组织的核心功能，必须坚持一切工作到支部的导向，围绕中心、服务大局，建强现代化专业救捞体系的坚强"战斗堡垒"。

★ 自2020年起，交通运输部烟台打捞局在全局开展"双进双提"党员全员轮训工作

抓牢"三个重点"
聚焦"三个强化"
扎实推进青年理论学习

交通运输部上海打捞局
三用船队惠州第二综合党支部

一、案例背景

交通运输部上海打捞局三用船队惠州第二综合支部隶属交通运输部上海打捞局三用船船队党委,现有党员18人,人员包括船舶党员及惠州机关综合部、船务部、安质部部分党员,青年党员占多数。党史学习教育开展以来,支部根据党员船员多、年轻化、难集中的特点,以支部党员基础,成立青年理论学习小组,在加强党史学习方面进行了积极探索和实践,有效提升了学习质量。

二、主要做法

（一）抓牢"三个重点",丰富学习教育内容

一是以"党员+青年"为重点,健全学习机制。支部根据党员较为分散的实际情况,探索以船舶为单位的"党小组+团员青年"联合学习模式,坚持集中学习一起学,理论宣讲一起听,交流研讨一起讲,

抓牢"三个重点" 聚焦"三个强化"
扎实推进青年理论学习

建立健全了青年理论小组定期学习机制。同时,搭建线上学习平台,健全线上打卡制度,通过撰写学习心得、分享微党课视频,及时传递学习资料,展示学习成果。

二是以学习习近平新时代中国特色社会主义思想为重点,定制学习内容。结合支部实际,研究和制订支部学习计划,落实学习任务,引导支部青年学习小组成员自觉养成"多读书、读好书、善读书"的好习惯,支部为党员和青年搜集了关于党史、四史、船舶业务书籍、文化历史类好书等"自选书目",勉励青年党员"努力学习马克思主义立场观点方法,努力掌握科学文化知识和专业技能,努力提高人文素养",结合小组成员自身实际,量身定制学习读书计划。

三是以创新学习形式为重点,丰富学习载体。支部结合深圳和惠州特色的教育资源,围绕青年喜闻乐见的形式,开展各类沉浸式、体验式主题学习活动。组织青年党员参加"行大美深圳 迎建党百年"发现公园之美趣味答题定向赛活动;利用深圳"红色电影周"资源,组织红色电影学党史专题学习,分批组织观看《悬崖之上》《1921》《中国医生》等爱国主义电影;开展了"党史学习"青年行专题活动——东江纵队纪念馆参观学习及罗浮山登山活动。

(二)聚焦"三个强化",推动学习成效转化

一是强化思想引领,激发终身学习的内驱力。青年理论学习坚持以习近平新时代中国特色社会主义思想为指导,着力在学深悟透理论知识上下功夫,有效把所学知识转化为科学的世界观和方法论。组织开展了"百年守初心 青年读党史"读书分享会活动,大家畅所欲言,就自身党史学习、读原著、如何传承上海打捞和华威历史、新时

代下青年应该承担起的责任担当等问题进行了热烈的讨论。通过开展研讨式、辩论式、分享式的学习交流，以史为鉴、观照现实，查摆自身认识上的不足和党性上的差距，从而深刻理解学无止境、终身学习的意义，让党员青年始终保持对学习"饥饿感"，养成自觉主动学习的良好习惯。

★ 船舶青年理论小组答题

二是强化互动交流，激发团队合作的凝聚力。青年理论小组为船员和岸上人员尽力创造面对面的机会，利用流动政委访船、船舶管理交流培训班、支部组织生活会等机会，组织船舶和岸上的党员青年开展座谈，进行思想、工作和情感交流，鼓励大家讲真话、谈真问题，加深工作中的理解，增进相互间的信任，把支部原本分散的人员有机揉合成为一个整体，形成攻坚克难的合力。

三是强化学习成效，提升学以致用的行动力。青年理论小组坚持将学习教育落脚点放在"力行"上，转化为工作中克服困难的勇气和

抓牢"三个重点" 聚焦"三个强化" 扎实推进青年理论学习

决心，以学促行，担当作为，把学习教育成果转化为促进船队不断向前发展的强大动力。支部党员和青年骨干带头发挥先锋模范作用，历时5个月、圆满完成HYSY118维修项目，获得业主赞誉。新冠肺炎疫情期间，针对惠州港疫苗供应紧张的实际情况，综合部党员积极协调资源，总计为船队船员争取到了疫苗485剂，有力保障了船员生命安全；船务部党员主动为船员收取、派送快递，做好"最后一公里快递员"，积极为船员排忧纾困，为疫情期间船员的日常生活保障提供切实的便利。

三、工作启示

充分用好青年理论学习小组这个载体，抓好青年的理论学习。

一是要在深学细研上下功夫，根据青年的实际特点，把握学习教育主题主线，定制学习方法、创新学习机制，找到最适合支部实际的方式方法和督促机制。

二是要在发挥核心作用上下功夫，发挥党员头雁作用，以身作则，以少带多，以点带面，激发职工群众参与度，带动小组成员共同学习和交流，相互促进和提高。

三是要在学以致用、以知促行上下功夫，把学习教育同推动船队实际工作结合起来，在为民服务上力行、在推动发展上力行，从学习教育中总结经验、汲取营养，不断地将学习成果转化为办实事、开新局的强大动力和智慧经验，要做刻苦学习、锐意创新的模范，带头立足岗位、苦练本领、创先争优，努力成为行业骨干、青年先锋，在新时代新征程上创造出新的业绩。

以"三四五工作法"为抓手
持续推进谈心谈话工作取得实效

交通运输部上海打捞局

拖轮船队船舶第二联合党支部（南海）

一、案例背景

交通运输部上海打捞局救捞拖轮船队船舶第二联合党支部（南海）是由6条作业船舶的30多名党员组建的联合党支部，主要在南海海域从事三用船服务工作。在推进党支部的工作中，以习近平新时代中国特色社会主义思想为引领，探索建立了谈心谈话"三四五工作法"，不断夯实船舶党建工作，切实发挥了基层党组织的组织力、凝聚力、战斗力，取得了良好实效，该党支部多次获得交通救捞系统先进殊荣，起到了广泛的示范引领作用并获赞誉。

二、主要做法

（一）突出各项谈话责任落实，增强船舶支部合力，压实"三个"责任

船舶第二联合党支部在注重在谈心谈话工作中压实"三个"责任。

以"三四五工作法"为抓手 持续推进谈心谈话工作取得实效

一是压实党支部书记"一把手"责任。将谈心谈话纳入支部书记年度述职评议考核,要求支部书记与支委班子之间开展经常性沟通交流,带头与每名船员谈心交心,促进船舶广泛开展谈心谈话工作。

二是压实支部委员的协同责任。船舶支委班子积极发挥作用,明确各支委成员以及船舶兼职政委的层级责任,结合领域分工促进工作亲自抓、亲自谈,把谈心谈话活动抓紧抓实。

三是压实船舶中层干部的表率之责。党支部在促进船舶中层干部的谈话,突出船舶领导、党员作用的发挥,达到敞开心扉、促进交流思想、帮助相互提高、解决实际困难的目的。

(二)围绕谈心谈话作用发挥,规范谈话功能需求,落细做好"四问四心"

船舶第二联合党支部在谈心谈话过程中突出"四问四心"。

一问思想认识,强化政治上的关心。支部坚持从思想认识上加强教育引导,鼓励船员多读书、多学习,树立正确的世界观、人生观、价值观,系好理想信念这个扣子。

二问工作短板,激发船员的好胜心。支部结合各船舶管理实际,协助排查船舶安全管理、岗位技能操作、卫生伙食、内务管理、应急演练等方面出现的问题,找准症结,明确今后努力改进的目标和方向,充分发挥船员工作积极性和主动性。

三问生活困难,体现对船员爱心。平时注重了解船员家庭情况、个人婚姻、生活困难等各类问题,用心用情帮助协调解决,让船员能够感受到"家"的温暖,体会"爱家"文化的良好氛围。

四问意见建议,提高船员责任心。充分发挥船员的主人翁精神,工

新时代交通运输部系统党支部建设典型案例

作中积极听取党员群众意见,结合党史学习教育和船队党委"党建+"工作,学史力行,落实"我为群众办实事"工作,及时了解问题需求,落实问题解决,让党支部成为推进船舶工作的有力助手,以扎实的作风切实转变和改进支部工作作风。

(三)突出谈话技能提升,做好细化分解,抓好"五个"维度

船舶第二联合党支部突出谈话技能上突出五个维度。

一是了解谈话对象的情况。通过沟通了解船员的感情状态,根据谈话对象的重视程度和投入程度,了解谈话对象所处的身体状态、思想情况、意识形态、家庭情况困难等情况。

二是使用"接地气"的语言。用较为通俗熟悉的语言,达成双方日常语言的偏好习惯及其共性,拉近谈话对象的关系,有效促进谈话的积极开展。

三是着力推动谈话形成共识。以建立共识为基础,紧密结合谈话目标、状态及未来发展设计话术,到达情绪共鸣,调动和渲染积极气氛。

四是坚持具体化和可操作性。结合船舶实际,制定达成谈话目标、状态、共识和话术的方法路径以及行动方案,避免谈话从抽象到抽象、空对空。

五是做好记录和经验总结。每月以支部和船舶船员设定的主要谈话对象、一般辅助谈话对象,设定谈话对象的特征及现实表现等目标,以表格方式撰写谈话情况,按月上报并在船留存。

三、工作启示

船舶第二联合党支部探索实践谈心谈话"三四五工作法"机制开

以"三四五工作法"为抓手　持续推进谈心谈话工作取得实效

展工作以来，坚持以习近平新时代中国特色社会主义思想为指导，弘扬伟大建党精神，进一步巩固和提升了党支部党建工作水平，有效增强了船员思想意识和业务实操技能，结合开展党员责任区、党员先锋岗、党员传帮带等，促进了党建工作与生产经营深度融合，用实实在在的行动，展示了上海打捞人"敢拼敢当，共创共荣"的风采，推动社会主义核心价值观学习实践具体化、系统化，为助力加快建设交通强国坚定主心骨、汇聚正能量、振奋精气神！

"五抓五比"推动党建与项目建设深度融合 打造"五型"党支部

交通运输部广州打捞局深中通道 S08 项目党支部

一、案例背景

交通运输部广州打捞局深中通道 S08 项目部,负责深中通道项目海底钢壳沉管隧道 E24 至 E32 管节的舾装、出坞及浮运安装等施工任务,工作繁多,责任重大。项目党支部共有党员 9 人,党支部积极推动党建工作与项目建设深度融合,坚持以党建工作为引领,结合自身工作性质和特点,探索形成了"五抓五比打造五型党支部"工作法,充分发挥支部战斗堡垒作用,提高支部党建工作效能,加强了党建工作的计划性、系统性和规范性。

二、主要做法

(一)抓理论比学习,打造"学习型"党组织

一是抓理论武装,提高政治理论素质。支部领导班子带头学习,每月集中开展一次党史学习教育交流,认真学习上级传达文件精神,同时充分利用学习强国、网络公盘等在线学习载体,提高学习便利性。通过学习,进一步强化了宗旨观念,坚定了推进粤港澳大湾区发展、

"五抓五比"推动党建与项目建设深度融合打造"五型"党支部

建设交通强国、全面建设社会主义现代化国家、实现第二个百年奋斗目标的决心和信心。

二是比思想学习，激发党员的进取心。设立《党史学习激励办法》，以激励方式为推力，每季度评选出优秀党政读书心得。积极开展党建共建活动，吸纳成功党建经验，加强党员活动室阵地建设，设立党政图书角、党政文化墙，让支部建设融入项目建设，成为党员和职工学习及锤炼思想的堡垒。

（二）抓服务比形象，打造"服务型"党组织

一是抓优质服务，紧紧围绕生产工作开展党建活动。以服务项目建设、服务职工群众、服务党员干部为着力点，开展"送清凉""送温暖""送祝福"等活动，每月开展主题党日，重大工程建设节点开展党员承诺践诺活动，设立党员示范岗，划分党员责任区，支部每位党员联点负责现场一个工作点，稳步攻坚推进工程进度，强化党员干部认真履职、敢于担当、主动服务的意识。

二是比党员形象，发挥党员先锋模范作用。增强党员服务意识，支部书记定期到施工现场巡查，及时发现和解决现场施工人员的实际问题，推动一线党员思想政治建设和作风建设，激发党员队伍的创造力、凝聚力和战斗力。

（三）抓改革比创新，打造"创新型"党组织

一是抓理念改革，推动项目持续发展。支部党员深刻领会新发展理念的核心要义，切实将学习成果转化为实际行动，倡导党员干部迎难而上、开拓变革，依靠过硬的素质和不懈的追求，推动项目建设持续有序推进，为项目高质量发展及新时代振兴贡献力量。

二是比创新方法,激发党员创造力。项目党支部始终把创新型党组织建设作为强基固本的大事来抓,注重加强互联网、大数据、云计算等新知识学习,努力造就一支精通信息数据、熟悉现代信息技术、具有创新精神的干部队伍。E32管节浮运安装工作通过技术搭建,使操纵室、项目办公区等多处即时显现沉放工况,充分发挥主观能动性,创新方式方法,为施工决策提供便利。

(四)抓作风比实干,打造"担当型"党组织

一是抓作风建设,提高工作水平。以真抓的实劲、敢抓的狠劲、常抓的韧劲,驰而不息纠正建设领域的"四风"问题,不搞特殊化,以规范健康的工地食堂接待各级领导部门检查。不断深化党建主体责任落实,持续改进工作作风,每年召开专题组织生活会,切实解决不同程度存在的理想信念模糊动摇等问题,营造良好政治生态。

二是比实干实效,激发党员的主观能动性。在项目E32管节沉放安装月度期间,全体支部党员主动在岗超过30天,在工作中比进度,在工作中比效果,在工作中比担当,紧抓施工生产的主线,鼓舞干劲振士气,引导广大项目参建人员把心思放在工作和事业上,主动作为,积极作为,为全面完成深中通道项目目标奠定坚实基础。

(五)抓宣传比能力,打造"活力型"党组织

一是抓宣传力度,不断加强宣传阵地建设。支部高度重视宣传工作,加强统筹管理,充分利用OA系统、公众平台、报媒、电媒、学习强国等载体,以一线职工艰苦拼搏为抓手、以树立先进典型为重点相结合的方式,深挖一线工作亮点、重要节点进行系统策划宣传,进一步提高党建生产建设的宣传水平。

"五抓五比"推动党建与项目建设深度融合 打造"五型"党支部

二是比工作能力，提高党员素质和能力。项目支部牢牢树立党建工作与生产经营工作深度融合的观念，切实加强能力建设，各管节出坞时，充分发挥党员先锋队、青年突击队在项目建设中的主力军、生力军作用，强化责任意识和使命担当，登上管面勇当排头兵，全力保障施工任务圆满完成，推动党建工作和项目建设相互促进、共同发展。

★ 支部书记带领党员重温入党誓词

三、工作启示

"五抓五比"工作法核心在于让党支部功能多样化，发挥党员先锋模范作用，营造比学赶超、见贤思齐的浓厚氛围。同时通过健全党建工作体系，促进项目整体资源整合、力量联合、工作融合，提升党建科学化水平。通过创新工作机制，使党组织工作有章可循、有据可考、有人可用，党务干部尽职尽责，党员能动性充分发挥，不断提高支部党组织影响力、凝聚力、战斗力。

以"三强三讲"抓好新时代支部党建工作

中国船级社上海分社产品处党支部

一、案例背景

中国船级社上海分社产品处是承担中国船级社高技术、高附加值船舶产品检验的一支突击队、排头兵。党支部现有党员17人。近年来支部贯彻落实新时代党的建设总要求,以"铁锚"为党建品牌铸魂赋能,以建功新时代为奋斗理念,"诚实、务实、朴实"为精神内涵,探索形成"三强三讲"工作法。

二、主要做法

(一)强理想信念、讲忠诚担当

把忠诚拥护"两个确立"、坚决做到"两个维护"作为最坚定的政治立场、最鲜明的政治方向、最牢固的政治信念。从党的创新理论中汲取践行初心、担当使命的精神动力。

一是学理论、葆本色、守初心。深入学习领会习近平新时代中国特色社会主义思想,抓牢"四个结合":把自学思考与交流研讨相结合,理论学习与实践学习相结合,线下学习与线上学习相结合,学习

以"三强三讲"抓好新时代支部党建工作

领会与推进工作相结合,通过"每月一讲"微党课,切实做到支部书记带头领学导学,党员跟进讲学互学,网络平台创新促学助学。

二是强引领、重规范、抓建设。以"三会一课"为抓手,做到"四个有":落实决策有举措,工作任务有计划,主题活动有方案,完成情况有检查,引领广大党员始终保持统一的思想、坚定的意志、协调的行动、强大的战斗力,打造思想政治工作阵地,党群服务联建平台,坚强组织战斗堡垒。

三是重创新、求实效、促担当。依托"PDCA"(Plan:策划;Do:实施;Check:检查;Action:改进)模式,以"学习七法"创新党史学习形式,以"四个一"技术帮扶确保实事办实。依托中国船级社系统资源,通过"调研摸排到厂,精准施策到位,服务对接到岗,责任落实到人",以按需设计、分类指导为乡镇企业船用产品认证提供个性化技术帮扶,助力乡村振兴。

(二)强"三基"服务、讲创新作为

坚持抓党建带全局,聚人心、勇开拓,深度融入和服务新发展格局,充分发挥党建引领同频共振,更好团结凝聚群众、带领突击攻坚,使支部成为党领导事业发展最稳固最坚实的根基。

一是强基固本,提升服务能力。融合锤炼过硬本领与提升业务岗位技能,举行"每月一谈"检验技术交流活动。聚焦减排等热点领域和关键技术,每月由支部党员验船师对全体验船师开展"SCR(选择性催化还原技术系统)船上初次确认试验"等专题技术讲座,强化新技术新产品检验技术探索,提升整体检验服务竞争力、创新力。

二是精细管理,完善服务体系。融合党建规范标准和业务工作要求,细化动态流程,分解关键节点,建立管理文件目录,构建科学规范、落实有效的运行体系,逐级细分、层层压实的责任体系。编制"员工服务手册",规范检验服务标准;编制"客户服务手册",构建良好产品检验服务文化,提升服务精准性,增强服务对象获得感。

三是"产学研检用",锻造服务队伍。融合国家重点科技项目和产品检验发展方向,坚持"从一线选""在事上练""以支部育",不断完善梯队建设,着力打造一支政治强、业务精、敢担当、作风正的高素质专业化产品检验先锋队伍。

(三)强品行情操、讲廉洁奉献

把握和运用党的百年奋斗历史经验,大力弘扬伟大建党精神,迎接挑战勇于担当。正心明德,传承优秀船检文化,廉洁奉公,涵养清正廉洁的价值理念,努力实现干事与干净的统一。

一是扛起特殊责任,展现特殊担当。面对空前严峻复杂的新冠肺炎疫情,结合船用产品检验周期性短、专业性强、独立性高等特点,以"居家办公不掉线、线下值守不停歇、检验质量不降低、审图发证不延误和客户联系不间断"的"五不"工作法为行业守护。建立以驻扎重点客户为中心、向周边企业辐射的产品工作专班模式,变"驻厂检验"为"住厂检验",把支部的组织优势转化为组织力量,全力保障大型柴油机制造企业产业链、供应链不断不乱,确保疫情防控和复工复产双落实、两不误。支部书记带领全体党员完成"双报到",主动亮身份,就地转为社区防疫志愿者积极投身一线防疫,与干部群众并肩作战,开展抢运急救患者,核酸采集、购买药品和生活必需品,发放生活保障物资、政策解释宣传等工作,扛起了共产党员的特殊责

以"三强三讲"抓好新时代支部党建工作

任、展现了船检"国家队"的特殊担当。

二是抓实党风廉政，守护廉洁底色。坚持开展党章和党规党纪教育，支部党员以身示范，恪守"三遵三守——遵纪守法、遵章守规、遵德守信"等行为准则。每月开展廉洁提醒，违纪违法典型通报，结合反腐倡廉基地参观，"廉洁服务协议"签署等举措，实现正面引导与反面震慑结合，内外监督融合，筑牢"底线""红线"。

三是深化文明创建，弘扬船检精神。以"清新检验、提升产品检验服务"活动推动社会主义核心价值观深度融入产品检验工作机制。深入推进融合船检精神宗旨、凸显产品检验特色的精神文明建设，放大"铁锚"特色党建品牌效应，讲好全力推进船检事业新发展、全力为群众办实事的好故事，切实提升支部文化软实力。

三、工作启示

中国船级社上海分社产品处党支部以习近平新时代中国特色社会主义思想为指导，以提升组织力为重点，突出政治功能，依托"三强三讲"工作法，通过"党建赋能，双线发力，务求实效"，有力有序推进以党建引领推动本领域高质量发展的具体实践，努力实现在服务国家战略上有更大作为，在推动国内船舶配套企业高质量发展上有更实成效，在加快建设交通强国中有更新突破，全面提高新时代党支部建设质量。

秉持服务理念
以"三学、三先、三化"
推动党建工作走深走实

中国船级社上海规范研究所技术管理党支部

一、案例背景

中国船级社上海规范研究所技术管理党支部所在部门主要承担审图业务归口管理、规范科研项目管理、质量管理及翻译与编辑、软件管理等业务。支部现有党员 14 人。自成立以来，支部始终以习近平新时代中国特色社会主义思想为指导，认真落实全面从严治党要求，紧紧围绕中心工作，积极发挥支部战斗堡垒作用和党员先锋模范作用，以"三学、三先、三化"的理论学习方法加强自身建设，大力弘扬"攀登者"精神，秉持服务理念，不断对标一流，持续推进党建工作走深走实。

二、主要做法

（一）以"三学"固根基，强化支部自身建设

支部始终高度重视党员学习教育，认真落实"三会一课"制度，积极创新学习方式，不断丰富学习内容，有效激发了党员的学习热情，

秉持服务理念 以"三学、三先、三化"推动党建工作走深走实

提升了党员的政治理论水平和党员意识。

一是坚持干部带头学。以"关键少数"学深悟透，领导干部先学一步、学深一步，示范带动全体党员重视学习、自觉学习。

二是探索多种渠道创新学。根据不同的学习主题、学习内容，采取合理的学习形式，以满足党员差异化、多样性的学习需求，营造生动活泼的学习氛围。如：轮流主持学习会、分组学习和集中交流、视频观影学习、党史知识竞赛、廉政警示教育、定期晾晒"学习强国"积分等，在丰富学习形式的同时激发党员学习积极性。

三是紧抓时政热点趁热学。精心组织开展各项热点专题学习教育活动，提升学习教育的针对性和时效性。以《民法典》专题学习为例，支部成立了3个学习小组，连续举办3期学习分享研讨会，由各学习小组在会上分享相关法条的内涵、亮点和要点，在激发大家学习热情和积极性的同时，增强了大家对法条的理解和法治意识，提升了学习效果。

（二）以"三先"促业务，发挥党员模范带头作用

支部认真学习和贯彻落实习近平总书记关于交通运输工作的重要指示批示精神，着力找准党建与业务工作的结合点和切入点，立足业务发展，秉持服务理念，自觉把党建工作贯穿于业务工作的整个过程，渗透到业务工作的各个方面，充分发挥党建工作教育引导、组织协调、服务保障作用。新冠肺炎疫情暴发以来，支部第一时间组建党员先锋队，在各条业务线上主动承担紧要、应急工作，形成了冲锋陷阵"党员优先"、运行平稳"业务优先"和服务保障"质量优先"的"三先"原则，时刻保持"在线"状态，"云坚守"岗位，确保疫情期间

业务不断、不乱，有序开展。支部扎实推进落实"我为群众办实事"工作，完成了"进一步增加审图信息透明度，提升审图服务品质"等实事项目，加大软件研发管理投入，保障科研审图服务，加强业内合作和新技术应用，在审图管理、规范科研工作、项目管理和技术信息共享等方面积极开展数字规范所建设工作探索，进一步推进了党建和业务工作的深度融合。在无纸化审图和线上协同办公业务体系建设中，以党员和入党积极分子为主体的工作专班，加班加点抢时间，克服居家办公的不便，以最快速度完成了方案策划、系统功能测试、业务流程重构及配套措施制定等工作，有力保障了全社审图业务和上海所规范科研、翻译等业务的有序持续运转。翻译团队中的党员同志主动迎战，克服疫情影响，在线参与各单位外审、客户远程交流口译，推广了翻译品牌知名度。在第一届北外滩论坛上，部门的翻译团队为嘉宾视频发言提供前期字幕翻译，并担任论坛现场口译工作，得到了主办方和与会者的一致好评。部门党员同志带头，持续为国际船级社协会各专家组主席和各委员会成员工作提供坚定的技术秘书工作支持，为IMO（国际海事组织）文件指定中文版翻译，得到高度认可。

（三）以"三化"强制度，加强支部组织建设

支部高度重视标准化、规范化建设。

一是强化支部年度工作计划的严肃性，通过每月召开支委会对计划进行监控、报告和核查，确保支部各项工作"标准化"。

二是加强支委会核心能力建设，充分发挥各支委成员的长处并做好分工，严格落实"三会一课"制度和组织生活制度，建立重要事项及支部大会会前支委会讨论制度，突出支委工作"透明化"。

三是抓好组织发展工作，支部建立了入党积极分子、入党申请人定期谈心谈话制度和定期列席主题党日活动制度，由支委担任入党积极分子、入党申请人的第一联系人。在党建工作台账方面，支部严格按基层支部建设要求及时制作填写相关工作案卷，并在每次党建活动后，第一时间做好宣传报道工作，严格遵守组织工作"规范化"。

三、工作启示

技术管理党支部通过"三学"固根基、"三先"促业务、"三化"强制度，在强化自身建设的同时激发党员担当意识，促进党建工作规范化、标准化，有效推进业务工作开展。今后将继续秉持和强化服务理念，不断加强支部党员思想政治建设，激发党员模范带头作用，发挥支部战斗堡垒作用，在不断提升党建工作质量的同时服务中心业务发展，真正做到党建融合业务、党建促进业务。

以"匠心工作法"培育支部工匠文化推动粤东船检事业发展

中国船级社汕头分社党支部

一、案例背景

中国船级社汕头分社承担着粤东四市船舶、海上设施及相关产品的船舶检验、认证、技术鉴定和技术服务等工作，现有党员14人。汕头分社党支部秉承工匠精神，立足本职岗位，坚持"干细一门匠活，做好一个匠人，拥有一颗匠心"的工作理念，探索形成了"匠心工作法"，用"恒心、齐心、诚心、细心"造就了一支有理想守信念、懂技术会创新、敢担当讲奉献的队伍，有力推动了粤东船检事业高质量发展。

二、主要做法

（一）以恒心为保障，建设"恪守敬畏"的规矩文化

一是恒心恪守工作规矩，"一招一式"执行规则。严格落实"第一议题"制度，不断完善支部工作制度，严肃党内政治生活，树牢规矩意识，强化从行为上做到依规尽职。

二是恒心敬畏廉政规矩，"一板一眼"坚守底线。针对重要节点和关键岗位制定廉政风险点识别和防控表，并在运行中不断优化提升，强化日

以"匠心工作法"培育支部工匠文化　推动粤东船检事业发展

常监督；定期组织开展警示教育和谈心谈话，确保抓在经常，抓在日常。

三是恒心遵守道德规矩，"一榫一卯"明理崇德。学史明理，恒心立德，扎实推动党史学习教育，弘扬伟大建党精神；强化意识，恒心明德，深入开展政治机关意识教育，将旗帜鲜明讲政治贯穿业务工作全过程；牢记宗旨，恒心守德，持续开展船检职业道德教育，推动"我为群众办实事"实践活动常态化长效化。

（二）以齐心为支撑，建设"和衷共济"的团队文化

一是齐心共搭学习平台，心口相传共同进步。通过个人自学与集体学习、导师导学和理论培训、学习实践和成果运用"三结合"形式，采用"仪式教学+现场教学+体验教学"的"3+"沉浸式现场教学方式，扎实推动党史学习教育常态化长效化。

二是齐心共创一流队伍，多措并举强化素质。注重引导党员干部树立大局意识，形成工作合力，通过"领学""讲学""联学""促学"高标准高质量完成各项学习工作任务。

三是齐心共营团队氛围，凝心聚力和谐共事。加强沟通和人文关怀，积极为员工解决难题；做好退休人员和新进人员的服务引导工作；开展职工思想动态调查分析，针对主要问题制定了整改落实措施，营造团结和谐的内部氛围。

（三）以诚心为根基，建设"实干担当"的行为文化

一是诚心指导基层单位工作，上下联动同频共振。大力开展内部轮岗培训，有效提升能力、形成共识；建立案卷月度互查、半年内部全部检查制度，强化业务指导和监督。

二是诚心担责为群众办实事，主动服务实干敬业。推动机动三轮

车专渡实施，有效解决群众水上出行需求；积极推进实施海事、船检船舶证书"协同联办"等便利性措施；加大行业工人技术认证，做好技术咨询服务，开展各类生产管理人员培训，主动帮扶船企提升安全生产和规范管理水平。

三是诚心面对历史遗留问题，实事求是敢于担当。联合相关职能部门共同解决南澳游艇持证问题、辖区近600艘现有内河船舶检验发证历史遗留问题等，大力推动辖区400总吨以下内河船舶生活污水污染治理，筑牢为民服务平台。

（四）以细心为要点，建设"精益求精"的精细文化

一是细心对待现场检验工作，确保船舶检验质量。细化业务流程，规范检验行为，做好每一次检验工作，严格把好船检质量关。

二是细心对待内部管理工作，确保工作有条不紊。持续优化各类规章制度，坚持制度管理，有效提升内部管理规范化和科学化水平；实施工作任务清单化管理，工作任务的计划、督办和落实有效提升；建立流程表，进一步优化内部管理，建立内部定期检查制度，及时查漏补缺，确保各项工作高效运转。

三是细心对待繁杂技术问题，确保做法思路统一。及时汇总分析案卷检查中、日常工作中发现的重难点问题，统一思路和做法，规范管理水平不断提高。

三、工作启示

"心至纯，行致美"。把"匠心工作法"作为支部文化建设的重要抓手，引导干部职工把工匠精神融入日常工作。

后　　记

《新时代交通运输部系统党支部建设典型案例》一书作为新近出版的《新时代交通运输部系统党支部建设》的姊妹篇，以详实、鲜活的案例，生动展示交通运输部系统党支部履行加快建设交通强国、努力当好中国现代化的开路先锋历史新使命的实践探索，充分反映加强新时代交通运输部系统党支部建设的实践成果，是新时代十年的伟大变革在交通运输党的建设领域的生动体现。

本书精选的66篇典型案例，充分体现大交通视野，内容涵盖交通运输各领域基层党支部建设的实践创新。每个案例都是紧扣突出的问题，围绕案例背景、主要做法、工作启示等展开介绍和总结。这些案例，注重把不折不扣贯彻落实上级党组织决策部署和创造性破解各种发展难题有机结合起来，所采取的有效措施、取得的规律性认识、总结的可推广的鲜活经验，具有借鉴意义。

本书在编写、出版过程中，得到了交通运输部直属机关党委等有关部门的悉心指导以及部系统各级党组织的大力支持。人民交通出版社股份有限公司高度重视、精心组织本书的出版工作。在此一并致谢！

在编写过程中，虽经案例征集遴选、反复修改、审核把关、校对审查，但由于时间仓促，书中难免有一些纰漏或不足之处，谨请广大读者特别是党务工作者提出宝贵意见。

和线下知识竞赛；利用红色资源，打造"实境课堂"；开展"百年党史天天学"活动，通过微信群交流学习心得，营造学党史的良好氛围。

（五）文化同心，推动党建工作与业务工作在理念认知上融合

一是警钟长鸣，塑造廉政文化。认真落实党风廉政和行风职业道德建设要求，开展廉政教育"月月讲"活动，确保每个党员、员工知敬畏、存戒惧、守底线，不断筑牢拒腐防变的思想防线和行为底线。

二是承诺亮诺，形成先锋文化。组织党员开展"学党史、我承诺"党员亮诺活动。党员们结合中心审图职责要求等方面，分别提出具体承诺事项，接受党员和群众的监督，提升了全体党员的使命感、责任感、荣誉感。

三是结对帮扶，构建互助文化。开展"党员一对一结对帮扶"工作，了解群众困难，有针对性地开展帮扶工作。帮思想，开展谈心谈话，化解群众的心结；帮学习，安排党员骨干进行业务指导；帮生活，了解群众生活情况，帮助解决实际生活困难。

三、工作启示

江苏审图中心党支部紧紧围绕基层党建工作"深融合、双促进"，从使命、目标、载体、学习、文化等五个维度，把党建工作引领、服务、促进中心工作的作用，贯穿审图业务工作全过程，始终保持业务工作的正确政治方向，努力实现支部工作与中心工作同心画圆、同频共振，让党旗高高飘扬在船舶安全守护的第一关。从"五同五融"支部工作法的探索和实践看，只有深度融合、相互促进，基层党建工作才能避免"两张皮"，才能找准定位，取得实效。

审图业务国际化"为目标,分别组建海事热点技术发展研究小组和产品审图分专业课题研究小组,强化行业内前沿技术的研究追踪,加快提升技术创新能力和核心技术竞争力,培养造就科技人才。

二是组建党员先锋队,不断增强服务能力。组建"先锋号党员应急响应服务队",以"我为客户和社会创造价值"为宗旨,对重点项目、重点客户图纸进行优先处理,在急、难、险、重的工作中安排党员同志挑大梁、当先锋。

三是依托"我为群众办实事"平台,履行公共服务职责。制订"我为群众办实事"实施方案,积极开展对优质企业和小微企业的帮扶,落实"六稳""六保"工作要求,开展新技术、新法规宣贯和客户专项技能培训,对辖区内地方船检机构开展业务指导,不断提升客户幸福感获得感。近三年年均完成产品审图 4546 项,船舶审图 212 项。

(四)学习同步,推动党建工作与业务工作在效能提升上融合

一是双讲课堂"自主学"。持续开展"微型党课月月讲"和"党员船舶技术微讲堂"活动,由支部党员和部门技术骨干宣讲党的理论知识、业务技术,形成学技术、争先进的氛围。

二是为民办事"实践学"。以联学共建为载体,组织支部党员和技术骨干为客户开展技术讲座和研讨,组织党员深入生产一线、学习和交流,了解客户需求,提升服务能力,以实干践初心、以行动担使命。

三是方式多样"创新学"。通过线上学、现场学、互动学等多种方式开展理论学习,组织党员参加"学党史、担使命"党史学习线上答题

二是聚焦职能职责，不负使命。以建设国际一流审图中心目标为激励，组建"先锋号党员应急响应服务队""船用产品技术研究工作室"，采取无纸化审图等措施不断提升审图服务能力。在党员中大力倡导奉献精神，党员带头加班加点，促进了部门审图效率的整体提升。

三是面对新冠肺炎疫情，坚守使命。面对新冠肺炎疫情，支部迅速响应，及时发布特殊时期审图服务告知函，对内实行首问负责制，组建临时党员先锋项目组，采取分批退审的工作方式，加班加点完成客户开工急需图纸的审查工作，解客户燃眉之急。

（二）目标同向，推动党建工作与业务工作在决策机制上的融合

一是机制引领，建立党政联席会议制度。把党建工作与部门中心工作同研究、同部署、同落实、同考核。每年根据党委的工作部署，同步研究制订部门年度任期目标责任书和党支部年度目标责任书。

二是考核导向，建立党员双考核制度。既将全体党员纳入到部门全体员工队伍中开展年度考核，又按照"四讲四有"合格党员的标准进行考核。

三是双向融合，建立"党建+业务"融合机制。牢记中国船级社"安全、环保，为客户和社会创造价值"的宗旨，结合"为群众办实事"活动，通过组建"先锋号党员应急响应服务队"、设立党员先锋岗等措施不断提升服务能力，对重点项目、特殊项目等开辟绿色通道进行优先处理，提供应急响应服务。

（三）载体同享，推动党建工作与业务工作在工作部署上的融合

一是打造技术银行品牌，提升技术能力。以"审图能力专业化、

"五同五融" 守好船舶安全第一关

中国船级社江苏分社江苏审图中心党支部

一、案例背景

中国船级社江苏分社江苏审图中心是中国船级社在苏皖地区设立的区域审图中心,服务全球客户1900余家,支部现有党员20名。只有围绕中心、建设队伍、服务群众,推动党建和业务深度融合,机关党建工作才能找准定位。图纸审查是守好船舶安全的第一关,关系水上人命财产安全。党支部紧跟习近平总书记重要讲话精神,结合审图工作的性质和特点,探索形成了"五同五融"工作法,以"弘图"特色党支部建设为载体,坚持围绕中心抓党建,抓好党建促业务,以系统思维推动党建工作和审图业务工作深度融合,实现目标同向、部署同步、工作同力。

二、主要做法

(一)使命同达,推动党建工作与业务工作在发展方向上的融合

一是强化政治引领,共筑使命。充分发挥支部对中心工作的政治引领作用,通过严格的党内组织生活,增强党员同志的身份意识、先锋意识,把党的政治优势、组织优势、作风优势,转化为党支部的组

以"匠心工作法"培育支部工匠文化　推动粤东船检事业发展

一是要精益求精、科学发展。坚定不移贯彻新发展理念，努力推进分社业务工作实现海上检验向陆上检验进军、钢质向新型材料船舶延伸、小型船向大中型船扩展、单一船型向多种船型转变，推动粤东船检事业高质量发展。

二是要坚守初心、主动作为。坚定不移落实以人民为中心的发展思想，深入实施机动三轮车专渡服务和粤东船厂技术评估、帮扶工作，着力把船东大会打造成为港航单位合作共进的重要平台，不断提升客户服务体验，推动辖区港航经济发展。

三是要团结协作、凝神聚气。坚定不移推进全面深化改革，扎实落实好船检管理体制改革各项任务，确保海事船检划转工作过渡平稳、深度融合，划转验船师多数取得A级资格，成为原有业务主力军；注重团结、和谐队伍建设，增强支部战斗力凝聚力，鼓起迈进新征程、奋进新时代的精气神。

★ 中国船级社汕头分社党员冲锋在战"疫"保通保畅第一线